Udo Winter
Tagespflege planen
Marktchancen nutzen

Bibliografische Information der Deutschen Bibliothek

Die Deutsche Bibliothek verzeichnet diese Publikation in der Deutschen Nationalbibliografie; detaillierte bibliografische Daten sind im Internet über ‹http://dnb.ddb.de› abrufbar.

Sämtliche Angaben und Darstellungen in diesem Buch entsprechen dem aktuellen Stand des Wissens und sind bestmöglich aufbereitet.

Der Verlag und die Autoren können jedoch trotzdem keine Haftung für Schäden übernehmen, die im Zusammenhang mit Inhalten dieses Buches entstehen.

© VINCENTZ NETWORK, Hannover 2015

Besuchen Sie uns im Internet: www.haeusliche-pflege.net

Das Werk ist urheberrechtlich geschützt. Jede Verwendung außerhalb der engen Grenzen des Urheberrechtsgesetzes ist ohne Zustimmung des Verlages unzulässig und strafbar. Dies gilt insbesondere für die Vervielfältigungen, Übersetzungen, Mikroverfilmungen und Einspeicherung und Verarbeitung in elektronischen Systemen.

Titelbild: fotolia, bloomua
Satz: Heidrun Herschel, Wunstorf
Druck: BWH GmbH, Hannover

ISBN 978-3-86630-420-8

Udo Winter
Tagespflege planen
Marktchancen nutzen

VINCENTZ NETWORK

Inhalt

Inhaltsverzeichnis		4
Einleitung		6
Kapitel I		8
1	Leistungen für Tages- und Nachtpflege nach dem Pflege-Stärkungsgesetz	8
2	Konzeptionelle Möglichkeiten der Tagespflege	10
2.1	Tagespflege in Kombination mit ambulanter Pflege	10
2.2	Tagespflege als solitäre Pflegeeinrichtung	11
2.3	Tagespflege und stationäre Pflege	12
2.4	Tagespflege und Tagesstätte	15
2.5	Tagespflege als vernetztes Wohn- und Pflegeangebot	20
2.6	Zusammenfassung	29
Kapitel II		31
3	Grundvoraussetzungen für die Planung einer Tagespflege	31
4	Notwendige Unterlagen für die Beantragung eines Versorgungsvertrages	35
5	Allgemeine Gesetzliche Grundlagen	37
5.1	Heimgesetz	37
5.2	Qualitätssicherung	39
5.3	Hygieneanforderungen	42
6	**Bauliche Voraussetzungen**	**44**
6.1	Rechtliche Grundlagen	44
6.2	Raumprogramm	45
7	**Personalanforderungen**	**53**
7.1	Leitende Pflegefachkraft	53
7.2	Personalanforderungen Tagespflege	55

8	Beförderung	58
8.1	Fahrzeuge/Fahrer	59
8.2	Problem Fahrdienst	61
9	Vergütungszuschläge für zusätzliche Betreuung und Aktivierung in stationären Pflegeeinrichtungen (§ 87b SGB XI)	63
9.1	Merkmale der zusätzlichen Betreuungsleistungen gemäß § 87b SGB XI	63
9.2	Personelle Voraussetzungen/Finanzierung	64
10	Schlussbemerkung	67

Anlagen 69

Anlage 1: Heimrechtliche Regelung „Betreutes Wohnen" 69

Anlage 2: Musterheimvertrag 71

Anlage 3: Beispiel Inhaltsverzeichnis Qualitätshandbuch für Tagespflegeeinrichtungen 88

Anlage 4: Beispiele bauliche Mindestanforderungen Tagespflege 92

Anlage 5: Muster Struktur-Erhebungsbogen 100

Anlage 6: Qualitätsanforderungen Betreuungskräfte 108

Tabellennachweis 110

Einleitung

Mit dem Pflege-Stärkungsgesetz wird sich in den nächsten Jahren die Pflegeinfrastruktur erheblich ändern. Die Reform wird besonders die ambulante Versorgung Pflegebedürftiger verbessern und somit pflegende Angehörige durch zusätzliche finanzielle Unterstützung entlasten. Diese zusätzlichen Leistungen werden die ambulante Versorgung Pflegebedürftiger erheblich stärken. Insgesamt werden die zusätzlichen Leistungen des Pflege-Stärkungsgesetzes zu einer weiteren „Ambulantisierung" der Pflege führen. Diese Veränderung wird dazu führen, dass zukünftig noch mehr in ambulante Wohn- und Pflegestrukturen investiert wird. Um wettbewerbsfähig zu bleiben, werden ambulante Pflegedienste ihr Leistungsangebot erweitern müssen. Das betrifft auch stationäre Altenhilfeträger. Bei zunehmender rückläufiger Belegung werden sie sich konzeptionell verändern und sich der ändernden Nachfrage Pflegebedürftiger anpassen müssen. Was sind die richtigen Konzepte?

Die Stützung des sozialen Umfeldes, abgestufte bedürfnisorientierte Betreuungs- und Pflegeangebote sowie zeitgemäße finanzierbare neue Wohnformen werden in Zukunft eine noch größere Bedeutung bekommen. Eine schon 2011 von Verbänden der Bau- und Immobilienwirtschaft sowie dem Deutschen Mieterbund vorgestellte repräsentative Bevölkerungsumfrage unter deutschen Mietern und Eigentümern ab 50 Jahre ergab, dass zwei Drittel der Bundesbürger ein selbstbestimmtes Wohnen im Alter bevorzugen.

Dabei wird die stationäre Pflege auch weiterhin ein Stützpfeiler des Versorgungssystems sein. Allerdings ist es notwendig, dass die ambulante-, teilstationäre und vollstationäre Pflege organisatorisch und qualitativ zusammenwachsen. Die jetzige und besonders die zukünftige Generation Älterer wünscht sich kleine überschaubare Wohn- und Pflegeeinrichtungen, in denen je nach Bedarf und Notwendigkeit bedürfnisorientiert betreut und gepflegt wird und jeder Pflegebedürftige über die Leistungen selber bestimmen kann.

Gefragt sind quartiersbezogene vernetzte kleine Versorgungszentren. Wesentliche Schnittstelle dieser relativ kleinen vernetzten Versorgungszentren sind Tagespflegeeinrichtungen. Tagespflege entwickelt sich immer mehr zu einem Bindeglied zwischen ambulanter und vollstationärer Pflege und trägt wesentlich dazu bei, dass Pflegebedürftige länger als in den vergangenen Jahren in gewohnter häuslicher Umgebung verbleiben können. Dazu beigetragen haben 2008 das Pflege-Weiterentwicklungsgesetz, indem u. a. zusätzliche Betreuungsleistungen nach § 45 b auch für die Tagespflege genutzt werden können sowie die 50 % Nutzung der ambulanten Sachleistungen für die Tagespflege. Die zusätzlichen finanziellen Entlastungsleistungen für den ambulanten Bereich sowie die Nutzung der Tagespflege erhöhen die Akzeptanz von Tagespflegeeinrichtungen in der Bevölkerung. Die Konsequenz ist, dass die Auslastung in den letzten Jahren erheblich gestiegen ist. Aufgrund der gestiegenen Leistungen durch das Pflegeversicherungsgesetz und der zunehmenden Akzeptanz in der Bevölkerung nahm in den letzten Jahren auch die Zahl der Tagespflegeeinrichtungen zu.

Gab es beispielsweise in Niedersachsen 2008 noch ca. 140 Tagespflegeeinrichtungen, so ist die Zahl der Einrichtungen bis Dez. 2014 auf ca. 250 Einrichtungen gestiegen[1]. Mit dem Pflege-Stärkungsgesetz ist davon auszugehen, dass sich die Zahl der Einrichtungen nochmals auf ca. 300 bis 400 Einrichtungen erhöhen wird. Nicht nur die Gesamtzahl der Einrichtungen steigt, auch die Platzzahl nimmt immer mehr zu. Betrug die durchschnittliche Platzzahl 2008 in Niedersachsen noch 12 Plätze pro Einrichtung, ist sie jetzt auf 16 Plätze angestiegen. Einrichtungen mit 30 bis 40 Plätzen sind keine Seltenheit mehr.

Der kontinuierliche Anstieg der Tagespflegeeinrichtungen trägt erheblich zu einer lückenlosen ambulanten Versorgung Pflegebedürftiger bei. Das teilstationäre Angebot ist aber nicht als ein einzelnes Angebot zu sehen, sondern sollte immer im Zusammenhang mit ambulanter und vollstationärer Pflege betrachtet werden. Es gibt die unterschiedlichsten Konzepte der Tagespflege. Tagespflege als Solitäreinrichtungen, im Verbund mit ambulanten und/oder vollstationären Pflegeeinrichtungen oder als Bestandteil von vernetzten Wohn- und Pflegeangeboten.

Im den folgenden Ausführungen werden unterschiedliche Modelle und Konzepte der Tagespflege u. a. in Kombination mit Wohnangeboten vorgestellt (Kapitel I). Hierbei wird unter Berücksichtigung des Pflege-Stärkungsgesetzes besonders auf die Möglichkeit von Angebotserweiterung eingegangen. In Kapitel II werden die allgemeinen gesetzlichen, organisatorischen und fachlichen Anforderungen der Tagespflege beschrieben.

---

1   Siehe Pflegelotse Stand Dezember 2014

Kapitel I

1 Leistungen für Tages- und Nachtpflege nach dem Pflege-Stärkungsgesetz

Das seit dem 01.01.2015 gültige Pflege-Stärkungsgesetz I trägt vorrangig zur finanziellen Verbesserung Pflegebedürftiger in der häuslichen Umgebung bei. Pflegebedürftige haben nunmehr die unterschiedlichsten Möglichkeiten der Kombination von Pflegeangeboten, um somit die für sie optimale Versorgung zu gewährleisten und möglichst lange in häuslicher Umgebung zu verbleiben. Betreuungsangebote bzw. haushaltsnahe Dienstleistungen, ambulante Pflege, Tages- und Nachtpflege gewährleisten der Mehrheit der Pflegebedürftigen eine umfassende Versorgung.

Erstmals ist es möglich, dass Tages- und Nachtpflege sowie ambulante Pflegeleistungen parallel in Anspruch genommen werden können. Die beiden Leistungsangebote werden nun nicht mehr aufeinander angerechnet. Das bedeutet, es stehen für die ambulante Pflege und Tagespflege jeweils 100 % Sachleistungen zur Verfügung.

Abb. 1 – Übersicht Leistungen des Pflegestärkungsgesetzes für die Tagespflege

	Pflegesachleistungen Häusliche Pflege		Pflegesachleistungen Tages- und Nachtpflege	
	2014	2015	2014 (50 %)	2015 (100 %)
Stufe 0 mit Demenz*	225 €	231 €		231 €
Stufe 1	450 €	468 €	225 €	468 €
Stufe 1 mit Demenz	665 €	689 €	225 €	689 €
Stufe 2	1.100 €	1.144 €	550 €	1.144 €
Stufe 2 mit Demenz	1.250 €	1.298 €	550 €	1.298 €
Stufe 3	1.550 €	1.612 €	755 €	1.612 €
Stufe 3 mit Demenz	1.550 €	1.612 €	755 €	1.612 €
Härtefall	1.918 €	1.918 €	–	–
Härtefall mit Demenz	1.918 €	1.918 €	–	–

* Gilt für Personen mit dauerhaft erheblich eingeschränkter Alltagskompetenz im Sinne von § 45a SGB XI – das sind vor allem an Demenz erkrankte Menschen.

Neben einer 100%igen Erhöhung der Sachleistungen für Tages- und Nachtpflege können u. a. an Demenz Erkrankte Leistungen bei Pflegestufe 0 in Anspruch nehmen, auch erhalten sie einen erhöhten Sachleistungsanspruch bei Pflegestufe 1 und 2.

Nach bisherigen Erfahrungen sind ca. 70 bis 80% aller Gäste einer Tagespflegeeinrichtung demenziell erkrankt. Somit profitiert gerade dieser Personenkreis von den erhöhten Leistungen des Pflege-Stärkungsgesetzes.

Der Pflegeanteil (Pflegesatz) und die Fahrtkosten der Tagespflege werden über die Pflegesachleistungen finanziert. Der Anteil für Unterkunft/Verpflegung sowie Investitionskosten müssen prinzipiell privat finanziert werden. Die bisherigen Betreuungsleistungen in Höhe von 100,00 €, jetzt Betreuungs- und Entlastungsleistungen genannt, werden für demenziell Erkrankte auf Pflegestufe 0 erweitert. Neben den Pflegesachleistungen werden die Betreuungs- bzw. Entlastungsleistungen und die finanzielle Unterstützung für Verhinderungspflege erhöht.

Abb. 2 – Gesamte finanzielle Unterstützung für Leistungen der Tages- und Nachtpflege

	Sachleistungen	Verhinderungspflege	Betreuungs- bzw. Entlastungsleistungen*
Pflegestufe 0 (mit Demenz)	231 €	1.612 € bis 2.418 €*	104 € bis 208 €
Pflegestufe 1	468 €	1.612 € bis 2.418 €*	104 €
Pflegestufe 1 (mit Demenz)	689 €	1.612 € bis 2.418 €*	104 € bis 208 €
Pflegestufe 2	1.144 €	1.612 € bis 2.418 €	104 €
Pflegestufe 2 (mit Demenz)	1.298 €	1.612 € bis 2.418 €*	104 € bis 208 €
Pflegestufe III	1.612 €	1.612 € bis 2.418 €*	208 €
Pflegestufe III (mit Demenz)	1.612 €	1.612 € bis 2.418 €*	104 € bis 208 €

Verhinderungspflege
* 50% des Leistungsbetrages für Kurzzeitpflege kann zusätzlich für Verhinderungspflege ausgegeben werden.

Betreuungs- und Entlastungsleistungen
* Wer seinen Anspruch auf ambulante Pflegesachleistungen nicht voll ausschöpft, kann zudem den nicht für den Bezug von ambulanten Sachleistungen genutzten Betrag (max. 50%) des hierfür vorgesehenen Leistungsbetrages – für niedrigschwellige Betreuungs- und Entlastungsangebote verwenden.

Mit den Entlastungsleistungen, der Verhinderungspflege und einem anteiligen Pflegegeld bei Nichtinanspruchnahme der ambulanten Sachleistungen kann der Gast/Angehörige die Kosten für Unterkunft/Verpflegung und Investitionskosten bezahlen. Je nach Pflegestufe können Pflegebedürftige eine bestimmte Anzahl an Tagen kostenfrei die Tagespflege nutzen.

Die zusätzlichen finanziellen Entlastungen für Pflegebedürftige und besonders für demenziell Erkrankte werden die Akzeptanz der Tagespflege noch wesentlich erhöhen und die Auslastung wird steigen.

2 Konzeptionelle Möglichkeiten der Tagespflege

Die Konzepte der Tagespflege haben sich in den letzten Jahren verändert. Es gibt nicht mehr die typische Tagespflege mit 12 Plätzen, in der leicht pflegebedürftige ältere Damen Kaffee trinken und miteinander spielen. Je nach Region und Struktur unterscheiden sich Tagespflegeeinrichtungen hinsichtlich der Größe, Organisations- und Gästestruktur sowie in ihren Inhalten.

2.1 Tagespflege in Kombination mit ambulanter Pflege

Der Klassiker ist die Tagespflege in Kombination mit ambulanter Pflege. Beide Angebote ergänzen sich fachlich und wirtschaftlich. D.h. besonders demenziell Erkrankte können in der Tagespflege, besser als in der häuslichen Umgebung, intensiv betreut, sozial integriert und umfassender gepflegt werden. Wirtschaftlich ist die Tagespflege, anders als vor Jahren, eine wesentliche Stütze des ambulanten Pflegedienstes, indem besonders betreuungsaufwendige Pflegebedürftige in der Gruppe qualitativ gepflegt werden. Häufig gewinnen ambulante Pflegedienste neue Patienten über die Tagespflege und können ihre bisherigen Patienten länger in der häuslichen Umgebung versorgen. Die Mehrheit der Patienten müsste ohne die Unterstützung in der Tagespflege, früher als gewünscht, in ein Pflegeheim umsiedeln.

Hinsichtlich des Betriebes der Tagespflege müssen sich Träger ambulanter Dienste umstellen. Die Struktur, Organisation und die gesetzlichen Grundlagen einer Tagespflege unterscheiden sich erheblich von ambulanten Pflegediensten und gleichen eher stationärer Pflegeeinrichtungen. Leitungskräfte müssen sich mit den Grundlagen der stationären Pflege vertraut machen.

FAZIT

Tagespflege im Verbund mit ambulanten Pflegeeinrichtungen ist eine ideale Kombination für mittelständische Träger ambulanter Pflegedienste, um ihre Marktposition zu sichern, indem sie ihre Patienten möglichst lange ambulant versorgen.

Mit dem Aufbau einer Tagespflege erweitern sie ihr Leistungsangebot und schaffen sich ein weiteres wirtschaftliches „Standbein". Hinsichtlich der erforderlichen Investitionen sollte die Einrichtung nicht mehr als 12 bis 15 Plätze betragen.

2.2 Tagespflege als solitäre Pflegeeinrichtung

Bis vor einigen Jahren war es für solitäre Tagespflegeeinrichtungen (ohne Anbindung an ambulante oder stationäre Pflegeeinrichtungen) schwierig, sich am Markt zu behaupten. Sie benötigten oftmals länger, um eine wirtschaftliche Auslastung zu erreichen. Meistens handelte es sich bei solitären Tagespflegeeinrichtungen um Einzelunternehmen oder Initiativen, deren Eigentümer sich bemüht mit viel Engagement ein fachlich hochfertiges Angebot auf dem Markt zu platzieren. Betreiber solitärer Tagespflegeeinrichtungen verfügten selten über die finanziellen Möglichkeiten und mussten häufig improvisieren. Wirtschaftlich ist es für Eigentümer solitärer Tagespflegen schwierig, die übliche Anlaufphase zu überstehen. Allerdings schaffen es viele Eigentümer mit persönlichem Engagement die Anlaufphase zu überbrücken.

Trotzdem haben sich Solitäreinrichtungen positiv entwickelt. Die Anzahl der Solitäreinrichtungen steigt kontinuierlich. Mit Zunahme des Bekanntheitsgrades von Tagespflegeeinrichtungen steigt die Akzeptanz und die frühere lange Anlaufphase kann verkürzt werden. Im Vergleich zu Verbundsystemen sind solitäre Einrichtungen häufig wettbewerbsfähiger. Solitäre Tagespflegeeinrichtungen können mit ambulanten Trägern, die über keine Tagespflege verfügen, kooperieren. Ambulante Pflegeeinrichtungen ohne eine Tagespflegeeinrichtung müssen bei Kooperationen mit solitären Tagespflegen nicht befürchten, ihre Patienten an den Mitbewerber zu verlieren. Aufgrund der steigenden Nachfrage und dem Pflege-Stärkungsgesetz ist es keine Schwierigkeit für Träger/Betreiber solitärer Tagespflege Einrichtungen mit 20 und mehr Plätzen zu gründen[2]. Sie steigern somit erheblich die Wirtschaftlichkeit.

FAZIT

Tagespflege als Solitäreinrichtung ist für Einzelunternehmer interessant, die sich eine neue berufliche Existenz aufbauen möchten.

Voraussetzung ist allerdings, dass ausreichend Eigenkapital und finanzielle Reserven für die Anlaufphase vorhanden sind.

---

2 Anmerkung: Die Höhe der Platzzahl ist allerdings abhängig von der Mitbewerbersituation und regionalen Gegebenheiten

2.3 Tagespflege und stationäre Pflege

Das Pflege-Stärkungsgesetz I fördert die „Ambulantisierung" der Pflegestrukturen. Das bedeutet aber nicht, dass die „Ambulantisierung" die stationäre Pflege überflüssig macht. Bei den Bewohnern, die heute und in Zukunft in einer stationären Pflegeeinrichtung leben, handelt es sich überwiegend um schwer Pflegebedürftige, bei denen in den allermeisten Fällen eine andere als die vollstationäre Pflege und Betreuung nicht möglich ist.

Inwieweit in den nächsten Jahren der Bedarf an stationären Pflegeplätzen steigen wird, ist ungewiss. Viele Studien (TERRANUS-Gruppe – Bedarfsentwicklung für vollstationäre Pflege in NRW bis 2035 –; Ernst & Young – Stationärer Pflegemarkt im Wandel. Gewinner und Verlierer 2010 – und Bertelsmann Stiftung – Themenreport „Pflege 2039" –) prognostizieren einen weiteren Anstieg an Pflegeheimplätzen. Andere Studien wie die Bank für Sozialwirtschaft[3] sehen die Perspektive der vollstationären Pflege etwas kritischer. Unabhängig von den Studien ist die zukünftige Entwicklung der vollstationären Pflege von verschiedenen Faktoren abhängig:

» Entwicklung alternativer Wohnformen (Wohngemeinschaften, Seniorenwohnungen),
» Entwicklung ambulanter und teilstationärer Pflegeangebote,
» weiterer Ausbau der häuslichen Betreuung,
» medizinische Entwicklung und z. B. Ausbau von Rehabilitationsangeboten und der Geriatrie,
» konzeptionelle Entwicklung vollstationärer Pflegeeinrichtungen,
» Gesetzgebung und politischer Wille.

Allgemein betrachtet sieht derzeit die Situation stationärer Pflegeeinrichtungen nicht sehr positiv aus. Seit Jahren sinkt aufgrund der Veränderung der Bewohnerstruktur (hoher Anteil Hochaltriger und Schwerstpflegebedürftiger) die Verweildauer (durchschnittlich sechs Monate). Bedingt durch Pflegereformen und erhöhte finanzielle Entlastungen für Angehörige sowie die sich ändernde Bedürfnislage Älterer sinkt die Auslastungsquote kontinuierlich. Immer mehr Pflegebedürftige leben selbst bei Pflegebedürftigkeit bis zum Lebensende in der eigenen Häuslichkeit und nehmen ambulante bzw. teilstationäre Pflegeangebote in Anspruch.

---

3 BFS: Marktreport Pflege 2012 – Pflegeheime unter Druck –

Beispiel Niedersachsen:

„Auslastung der Dauerpflegeeinrichtungen Ende 2007 waren die niedersächsischen Dauerpflegeheime zu 85,9 % (2003: 90 %), in eingliedrigen Einrichtungen zu 85,5 % mit pflegebedürftigen Personen ausgelastet. Die Auslastung vollstationärer Einrichtungen der Dauerpflege ist seit 2003 gesunken. Neben diesen im Sinne des SGB XI pflegebedürftigen Bewohnerinnen und Bewohnern leben in den Einrichtungen auch solche der so genannten Pflegestufe Null, deren Größenordnung nicht bekannt ist. Es kann grundsätzlich nicht von einer Vollauslastung der vollstationären Dauerpflegeheime in Niedersachsen ausgegangen werden. Unter Berücksichtigung der Trägerschaft bestehen Unterschiede bei der Auslastung der Dauerpflegeeinrichtungen. Pflegeheime in privater und öffentlicher Trägerschaft sind jeweils zu 83,6 % ausgelastet. Deutlich höher ausgelastet sind dagegen Einrichtungen freigemeinnütziger Träger mit rd. 89 %. Insgesamt die höchste Auslastung haben mehrgliedrige vollstationäre Dauerpflegeeinrichtungen mit dem Angebot von Kurzzeit-, Tages- und/oder Nachtpflege in freigemeinnütziger Trägerschaft mit 98 %"[4].

Bundesweit lag die Auslastung stationärer Pflegeheimplätze bei 89,7 %[5]. Regionale Unterschiede, die Bausubstanz und Konzeption der vollstationären Pflege beeinflussen allerdings erheblich die Auslastung. Kurz- bis mittelfristig wird sich das Auslastungsrisiko von Pflegeheimen aufgrund der sich verändernden Bedarfslage und Wettbewerbssituation nicht verändern.

Notwendig ist eine Umstrukturierung der stationären Pflege. Noch immer verfügen 75 % aller stationären Pflegeeinrichtungen ausschließlich über Dauerpflegeplätze[6]. Diese eingliedrigen Einrichtungen werden es zukünftig noch schwieriger haben, ein positives wirtschaftliches Ergebnis zu erzielen.

Als Alternative zu den konventionellen vollstationären Dauerpflegeeinrichtungen entstehen zunehmend bedarfsgerechte Wohnangebote sowie ambulante und teilstationäre Versorgungsformen, die ebenso Versorgungssicherheit bieten und gleichzeitig ein selbstbestimmtes Leben im vertrauten Wohnumfeld auch bei intensivem Unterstützungs- und Pflegebedarf ermöglichen. Es ist davon auszugehen, dass die „Ambulantisierung" sich in den nächsten Jahren fortsetzen wird und vermehrt gemeinwesenorientierte Quartiersversorgungangebote entstehen.

---

4   Auszug Niedersächsischer Landespflegebericht 2010 nach § 2 des Nds. Pflegegesetzes; vorgelegt vom Nds. Ministerium für Soziales, Frauen, Familie, Gesundheit und Integration
5   BFS: Marktreport Pflege 2012 – Pflegeheime unter Druck –
6   BFS: Marktreport Pflege 2012 – Pflegeheime unter Druck –

Trotz dieser nicht unbedingt positiven Entwicklung für vollstationäre Pflegeeinrichtungen hätten gerade Pflegeheime die Möglichkeit, ihr Leistungsangebot zu erweitern und die Struktur der Altenhilfe zu reformieren, indem sie die Trennung von ambulanten und stationären Angeboten überwinden. Hierbei hat die Tagespflege als Bindeglied zwischen ambulanter und stationärer Versorgung eine entscheidende Rolle. Der Aufbau einer Tagespflege wäre der erste Schritt, um sich als vollstationäre Pflegeeinrichtung zu öffnen und zukünftige Kunden zu akquirieren.

Abb. 3 – Tagespflege im Verbund mit stationären Pflegeeinrichtungen

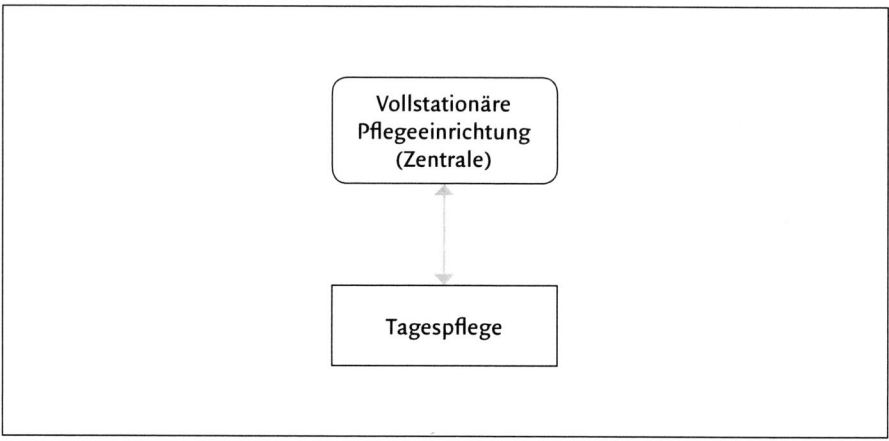

Neben dem Aufbau einer Tagespflege außerhalb der stationären Pflegeeinrichtung sind die Reduzierung der Platzzahl und der Aufbau ambulanter Strukturen zu einem quartiernahen Pflegezentrum eine Alternative. Eine Reduzierung von Pflegeplätzen beeinflusst primär die Wirtschaftlichkeit. Investoren und Betreiber favorisieren aus betriebswirtschaftlicher Sicht 100 Plätze pro Einrichtung. Inwieweit die hohe Anzahl der Pflegeheimplätze an einem Standort für Pflegebedürftige noch attraktiv ist und noch von einer quartiernahen Versorgung gesprochen werden kann, ist zu hinterfragen. Muss eine vollstationäre Pflegeeinrichtung aufgrund nicht mehr zeitgemäßer Standards modernisiert werden, ist konzeptionell zu überlegen, ob hinsichtlich der Bedarfslage ein breitgefächertes Angebot an Betreuungsleistungen, Wohnungen und teilstationären Pflegeangeboten nicht nachhaltiger ist.

Abb. 4 – Stationäre Pflege als quartiernahes Pflegezentrum

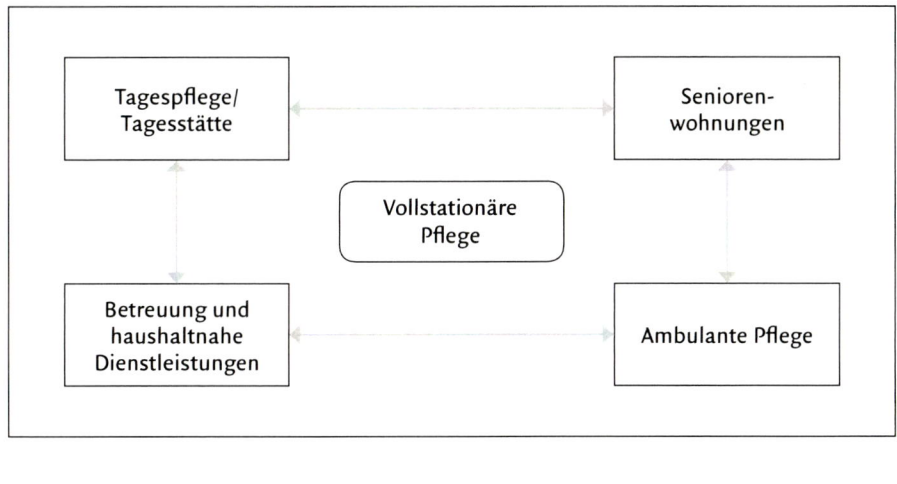

FAZIT

Bei dem Aufbau einer Tagespflege im Verbund mit einer stationären Pflegeeinrichtung muss aufgrund der größeren Hemmschwelle der Gäste mit einer längeren Anlaufphase bis zur optimalen Belegung gerechnet werden.

Die längere Anlaufphase kann aufgrund der Synergieeffekte z. B. in der Essenversorgung, Personalpool, Nutzung gemeinsamer Räumlichkeiten ausgeglichen werden.

In Kooperation mit ambulanter Pflege ist mittelfristig der Aufbau einer Tagespflege im Verbund mit stationärer Pflege wirtschaftlich erfolgreich.

2.4 Tagespflege und Tagesstätte

Bei der Tagespflege handelt es sich um eine Pflegeeinrichtung entsprechend den auf Landesebene geschlossenen Rahmenverträgen gemäß § 75 Abs. 1 SGB XI zur teilstationären Pflege. Zur Entlastung pflegender Angehöriger von demenziell Erkrankten sieht das Pflege-Stärkungsgesetz eine höhere finanzielle Unterstützung vor. D. h. Angehörige z. B. von demenziell Erkrankten erhalten u. a. für die stundenweise Entlastung monatlich 104 € bis 208 €. Viele ambulante Pflegedienste bieten als niedrigschwellige Betreuungsangebote entsprechend den Voraussetzungen nach § 45 a – d SGB XI Einzel-, Gruppenbetreuung oder sogar Tagesbetreuung an.

Tagespflegeeinrichtungen können ebenfalls diese Leistungen anbieten und das Leistungsangebot erheblich erweitern. Es bietet sich an, das Raumangebot der Tagespflege zu erweitern und zusätzliche Räumlichkeiten für eine Tages- oder Begegnungsstätte zu nutzen. Hierbei gilt es, im Vorfeld der eigentlichen Pflege zusätzliche Kunden schon bei Hilfebedürftigkeit oder leichter Pflegebedürftigkeit (Pflegestufe G/o) zu gewinnen und sich mit attraktiven Angeboten in der Öffentlichkeit zu präsentieren.

Abhängig vom Bedarf und dem Angebot der Mitbewerber sollten grundsätzlich drei verschiedene Leistungsmodule angeboten werden:

» niedrigschwellige Betreuungsangebote,
» Seminare und Fortbildungen,
» Kultur- und Freizeitangebote für Senioren.

2.4.1 Niedrigschwellige Betreuungsangebote

Um ein niedrigschwelliges Betreuungsangebot kostenneutral durchzuführen, beschränken sich solche Angebote auf einmal bis zweimal wöchentlich stattfindende Gruppenangebote von jeweils ca. drei bis vier Stunden. Die Betreuungsgruppen werden unter Anleitung einer Fachkraft von Betreuungskräften entsprechend der Qualifikation und Anforderungen nach § 87b oder § 45b SGB XI betreut. Eine Gruppe sollte maximal acht Personen nicht überschreiten. Ein eigener Fahrdienst ist zwingend erforderlich, da Angehörige ihre demenziell Erkrankten nicht in die Einrichtung bringen. Die Anforderungen für die Durchführung von niedrigschwelligen Betreuungsangeboten sind recht gering.

Allgemeine Voraussetzungen der Anerkennung niedrigschwelliger Betreuungsangebote:

Es ist ein schriftlicher Antrag bei der jeweiligen Behörde (je nach Bundesland entweder bei der zuständigen Landesbehörde oder den Pflegekassen) mit folgenden Unterlagen zu stellen. Hierzu gehört ein Konzept mit Ausführungen über die Leistungsinhalte und die Qualitätssicherung:

» Zielsetzung,
» Personenkreis und Krankheitsbilder,
» Nachweis einer Fachkraft zur Anleitung und Schulung (Näheres regelt das Länderrecht),
» Nachweis der angemessenen Schulung und regelmäßigen Fortbildung,
» Nachweis eines ausreichenden Versicherungsschutzes (Haftpflichtversicherung),
» Nachweis geeigneter Räumlichkeiten.

Obwohl es sich um ein entlastendes Angebot für Angehörige handelt, liegt der Nutzen eher bei den Trägern ambulanter, teilstationärer und vollstationärer Pflegeeinrichtungen. Über dieses Angebot erreichen Pflegeeinrichtungen besonders pflegende Angehörige. Bei gut funktionierenden Betreuungsgruppen und wenn ein Effekt der Entlastung erzielt wird, vertrauen pflegende Angehörige dem Altenhilfeträger. Wenn Gruppenangebote in den Räumlichkeiten der Tagespflege stattfinden, besteht die Möglichkeit, dass nach einer Eingewöhnungsphase Angehörige diese Entlastungsmöglichkeiten zu schätzen lernen und weitere Angebote, besonders die Tagespflege, in Anspruch nehmen. Hinzu kommt, dass über niedrigschwellige Betreuungsangebote die Auslastung einer Tagespflege gesteuert werden kann.

2.4.2 Leistungsangebot einer Tages- oder Begegnungsstätte

Neben niedrigschwelligen Betreuungsangeboten bietet es sich an, die Räumlichkeiten auch für andere Zwecke zu nutzen. Hierzu gehören Schulungen für Mitarbeiter, Treffpunkt für Mieter/Bewohner. Denkbar sind Kooperationen mit externen sozialen Anbietern wie z. B. Selbsthilfegruppen, Kommunen, Vereine usw.

Zu den Schwerpunkten der Leistungen in einer Begegnungsstätte gehören auch Kultur- und Freizeitangebote für junge Senioren. Der strukturelle Wandel, der durch „Verjüngung", „Entberuflichung", „Feminisierung", „Singularisierung" und „Hochaltrigkeit" gekennzeichnet ist[7] und die sich verändernde subjektive und objektive Lebenslage der älteren Generation führte in den letzten Jahren auch zu einem sich verändernden Tätigkeitsspektrum und Freizeitverhalten. Neben einem steigenden Medienkonsum, sportlichen Aktivitäten, „sich um die Familie kümmern", Urlaubsreisen, nimmt besonders der Anteil zu, der sich unentgeltlich im privaten oder ehrenamtlichen Bereich engagiert. Ältere Untersuchungen (Infratest 1999)[8], die durch neuere Untersuchungen[9] (2006) bestätigt wurden, belegen, dass im Alter zwischen 60 und 70 Jahren etwa jede bzw. jeder Dritte sich unentgeltlich engagiert. Im höheren Alter nimmt die Beteiligung deutlich ab. Die beliebtesten Engagementfelder Älterer sind die Bereiche „Sport und Bewegung", Freizeit und Geselligkeit" sowie der religiöse/kirchliche und der soziale Bereich. Die Berliner Altersstudie[10] belegt, dass „Personen mit höherer Bildung ... höhere Aktivitätsniveaus angaben". Insbesondere für die

---

7 Vgl. Hans Peter Tews, Neue und alte Aspekte des Strukturwandels des Alters
8 Bernhard von Rosenbladt, Freiwilligentätigkeit, ehrenamtliche Tätigkeit und bürgerschaftliches Engagement, Repräsentative Erhebung 1999, Kurzbericht, Infratest München 1999
9 Bundesministerium für Familie, Senioren, Frauen und Jugend: Fünfter Bericht zur Lage der älteren Generation in der Bundesrepublik Deutschland, 2006
10 K.U.Mayer, P.B. Baltes (Hrsg.): Die Berliner Altersstudie: Ineke Maas/Ursula M. Staudinger, Ressourcen

„modernen" Formen der Altenarbeit – wie z. B. Bildung im Alter, Selbsthilfeinitiativen oder ehrenamtliches Engagement – wird konstatiert, dass höhere Schul- und Berufsausbildung, zumeist einhergehend mit einem höheren Einkommen, sich positiv auf die Bildungs- und Tätigkeitsbereitschaft im Ehrenamt auswirken.

Diese Entwicklung zeigt, dass zukünftig die „jüngeren Älteren"[11] – die „68er Generation" – vermehrt beachtet werden müssen, um sie für das Ehrenamt zu gewinnen.

Kennzeichen der Zielgruppe der „jüngeren Älteren":
- » Altersgruppe der 60- bis 69-Jährigen,
- » vorrangig Frauen (ehemalige pflegende Angehörige),
- » Ältere mit einem höheren Bildungsniveau und höherem Einkommen.

Beispiele von Kultur und Freizeitangeboten:
- » Kulturveranstaltungen (Musik, Literaturnachmittage),
- » themenzentrierte Informationsveranstaltungen,
- » Kreativ-Workshops,
- » Musik/Instrumentalunterricht (Einzelunterricht),
- » Initiieren von Selbsthilfegruppen für pflegende Angehörige,
- » Café,
- » Hobbygruppen
- » ...

Abb. 5 – Beispiel Tagespflege als vernetztes ambulantes Pflegeangebot

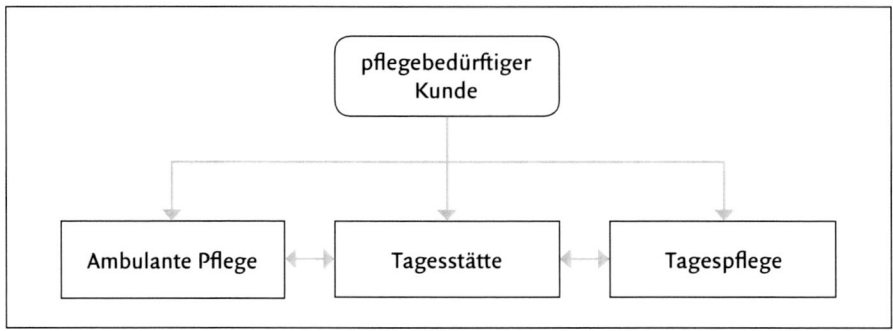

---

[11] Jüngere Älter = 60 – 69 Jahre

Letztendlich geht es darum, sich als Einrichtung nach außen zu präsentieren. Die Kosten einer Begegnungs- oder Tagesstätte sollten sich u. a. durch das Angebot von Betreuungsgruppen amortisieren. Diese kleinen vernetzten quartiersbezogenen Pflegezentren lassen sich in Verbindung mit ambulanten genauso wie mit vollstationären Pflegeeinrichtungen realisieren.

2.4.3 Beispiel Raumprogramm Tages- bzw. Begegnungsstätte

Abb. 6 – Beispiel Raumprogramm einer Tages- bzw. Begegnungsstätte

Raumangebot	Größe in qm	Anmerkung
Eingangsbereich	ca. 20	Ausreichend Platz für eine Garderobe
Gemeinschaftsraum	ca. 60 bis 70	Größe je nach Anzahl der Mieter
Küche	ca. 20	Ausreichend Fläche z. B. zum Kaffee kochen oder Kuchen backen
WC 1	ca. 6,0	Normale Toilette
WC 2	ca. 10	behindertengerecht
Dienstraum	ca. 15	Conciergedienst
Abstellraum	ca. 15	Stuhllager oder Lager für Beschäftigungsmaterial
Gesamtfläche	ca. 146 bis 160	

Anmerkung: Wohn- und Pflegezentren mit einer geringen Anzahl von Wohnungen benötigen entsprechend weniger Quadratmeter.

Die Tages- bzw. Begegnungsstätte sollte sich im Erdgeschoss befinden. Alle Räumlichkeiten müssen mindestens barrierefrei sein.

Beispiel quartiernahes Wohn- und Pflegezentrum „Wohnpark am Weizenkamp"
Standort: Seelze (Region Hannover)
Fertigstellung: Sommer 2014
Projekt besteht aus insgesamt drei Wohngebäuden mit

» 35 barrierefreien Wohnungen,
» einem Gemeinschaftshaus (Begegnungsstätte) und Conciergedienst,
» zwei Tagespflegeeinrichtungen für 18 und 12 Tagespflegegäste,
» einer Sozialstation.

Abb. 7 – Grundriss Gemeinschaftshaus/Begegnungsstätte und Conciergedienst

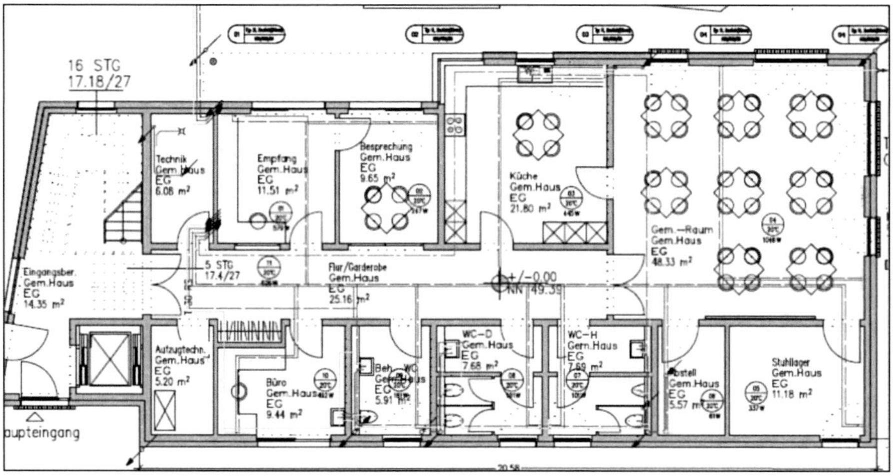

Quelle: Grundke-Architekten, Hannover; www.grundke-architekten.de / www.wgh-herrenhausen.de

2.5 Tagespflege als vernetztes Wohn- und Pflegeangebot

Lt. dem Ergebnis der 2011 durchgeführten repräsentativen Bevölkerungsumfrage[12] sind für 94 % der Befragten Hilfen im Haushalt und bei der Pflege, Geschäfte, Ärzte und öffentliche Verkehrsmittel in unmittelbarer Nähe wichtig für ein selbstständiges Leben im Alter.

„Im Alter werden Hilfsangebote offenbar überaus gern in Anspruch genommen: Ganz oben auf der Präferenzliste steht die Hilfe bei der Pflege. Für 77 % der Befragten wäre ein solches Angebot wichtig im Alter. Aber auch Hilfen bei der Hausarbeit (69 %), bei kleineren Reparaturen (66 %), bei Einkäufen (66 %), bei Behördengängen (63 %), bei der Körperpflege (62 %), bei Arztbesuchen (60 %) sowie gemeinsame Unternehmungen (59 %) sind besonders beliebt. Lediglich das bekannte „Essen auf Rädern" ist weniger stark nachgefragt (34 %). Interessant: Insbesondere der Hilfsbedarf bei der Hausarbeit nimmt ab 80 Jahren sprunghaft zu (ab 80 Jahre 79 %, bis 60 Jahre: 66 %)."[13]

Dieser Trend setzt sich fort und ist heute aktueller denn je. Gefragt sind quartiersbezogene vernetzte kleine Versorgungszentren. Diese in Kleinstädten und Stadtteilen integrierten Wohn- und Pflegezentren existieren schon und sind sehr gefragt.

---

12 Tns emnid: Wohnwünsche im Alter; von den Verbänden der Bau- und Immobilienwirtschaft sowie dem Deutschen Mieterbund in Auftrag gegebene repräsentative Bevölkerungsumfrage, Januar 2011

13 BFW Bundesverband freier Immobilien- und Wohnunternehmen e.V., Pressemitteilungen v. 17.01.2011

Sie bestehen beispielsweise aus einer Begegnungsstätte, einem ambulanten Pflegedienst, einer Tagespflegeeinrichtung und Seniorenwohnungen. Solch ein Zentrum mit abgestuften Service-, Wohn- und Pflegeangeboten bietet Hilfe- und Pflegebedürftigen eine bedarfsgerechte und umfassende Versorgung und Betreuung. Kernpunkt eines kleinräumigen Wohn- und Pflegezentrums ist die Tagespflege, in deren Räumlichkeiten zusätzliche Betreuungsleistungen angeboten werden. Unter Ausnutzung eines optimalen Raumangebotes (Synergieeffekte) und der Inanspruchnahme aller möglichen Leistungen des Pflege-Stärkungsgesetzes ist es möglich, kleine Versorgungszentren wirtschaftlich zu führen.

Abb. 8 – Ambulantes quartiersbezogenes Wohn- und Pflegezentrum

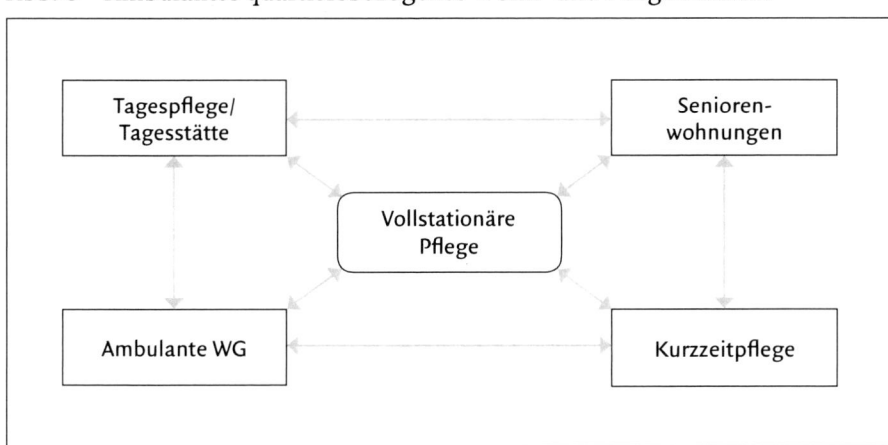

2.5.1 Seniorenwohnungen

Bei dem Wohnkonzept sollte durch die systematische Verknüpfung von Wohnen und Dienstleistungen den Bedürfnissen auch pflegebedürftiger Älterer entsprochen werden. Hierbei sind folgende Funktionen zu berücksichtigen:

» Erhaltung des gewohnten Wohnumfeldes und der sozialen Bezüge,

» ausreichend Rückzugsmöglichkeiten, um die Privatsphäre des Mieters zu gewährleisten,

» Gewährleistung der Barrierefreiheit und Sicherheit,

» das Vorhandensein von ausreichend Personal für die Inanspruchnahme von sozialen, hauswirtschaftlichen und pflegerischen Diensten,

» um auf die veränderte Lebenslage (zunehmende Hilfebedürftigkeit) Älterer reagieren zu können, sollte ein breites flexibles Angebotsspektrum vorhanden sein.

Das Konzept der barrierefreien Seniorenwohnungen ist die konsequente und kostengünstige Umsetzung einer stadtteilbezogenen ambulanten Versorgung hilfe- und pflegebedürftiger Menschen im Alter. Im Gegensatz zu bestehenden Wohnanlagen (Seniorenresidenzen) können Mieter auch bei schwerer Pflegebedürftigkeit in ihren Wohnungen verbleiben. Kontinuierlich anwesende Präsenzkräfte und eine Nachtbereitschaft, z. B. über den ambulanten Pflegedienst oder die stationäre Pflegeeinrichtung, gewährleisten Sicherheit. Die notwendige Hilfe erhalten die Mieter über die im Haus vorhandene ambulante Pflegestation oder andere externe ambulante Pflegeanbieter.

Das ambulante Wohn- und Pflegezentrum mit integriertem ambulantem Pflegestützpunkt besteht je nach Bedarf und Region aus 24 bis maximal 40 barrierefreien Seniorenwohnungen für Hilfe- und Pflegebedürftige. Denkbar sind auch, besonders im ländlichen Bereich, kleinere Einheiten wie z. B. 10 Seniorenwohnungen. Zielgruppe sind hilfe- und pflegebedürftige ältere Menschen, die ihr Alter bewusst nicht in einem Pflegeheim, sondern in einer barrierefreien Wohnung in einer sozialen Gemeinschaft gestalten wollen. Ziel des quartiersbezogenen Wohnkonzeptes ist der langfristige Erhalt der Selbstständigkeit der Mieter mit der Sicherheit, im Bedarfsfall alle erforderlichen Hilfen individuell und in ausreichendem Maß abrufen zu können. Dies gilt im besonderen Maße für alle Dienstleistungen im Bereich der hauswirtschaftlichen Versorgung und der Alltagsgestaltung, die über den Betreiber zur Verfügung gestellt werden.

2.5.1.1 Betreutes Wohnen oder Seniorenwohnungen?

Bei der Mehrheit bestehender Wohn- und Pflegezentren handelt es sich um „betreutes Wohnen". Dieser Begriff ist häufig bei Interessenten irreführend. Neben der Überlassung von Mietraum werden in „betreuten Wohnanlagen" zusätzliche Mindestleistungen angeboten, die nicht von allen Mietern gewünscht und benötigt werden, aber von allen Mietern mit der sogenannten Betreuungspauschale monatlich zusätzlich bezahlt werden müssen. Die Höhe der Betreuungspauschale variiert je nach Leistungsumfang und Region zwischen 50 € und 250 € monatlich. Bei der Mehrzahl der Verbraucher wird diese Betreuungspauschalen sehr kritisch gesehen und hinterfragt. Eine für alle Mieter erhobene Betreuungspauschale ist nicht zeitgemäß. Jeder Mieter sollte nach Bedürfnis und Notwendigkeit seine Leistungen selber bestimmen!

„Es gibt keinen gesetzlich geschützten Begriff „Betreutes Wohnen" und auch keine Vorschriften, welche Standards für die Wohnung oder für die Betreuung zu erfüllen sind, wenn man Betreutes Wohnen anbieten will. Ebenso gibt es keine Kontrollbehörde, die die Einhaltung solcher Standards überwacht, wie dies z. B. von der Heimaufsicht für Heimeinrichtungen vorgesehen ist. (…) Seit der letzten Heimgesetzesnovelle fallen die meisten Betreuten Wohneinrichtungen, die nur

Beratungsleistungen, Notrufsicherung und bei Bedarf Hilfen vermitteln, nicht unter die Bestimmungen des Heimgesetzes. Sie sind normale Wohnungen und müssen die Bestimmungen des Mietrechtes bzw. anderer Verbraucherschutzvorschriften einhalten. Sie werden erst dann zu Heimen, wenn sie neben den oben genannten Leistungen weitere Leistungen für die Bewohner verpflichtend zur Abnahme machen und wenn die Betreuungspauschale erheblich über 20 Prozent des monatlichen Mietentgeltes hinausgeht. Aktuell erarbeiten die Länder eigene Heimgesetze, da das Heimrecht im Zuge der Föderalismusreform auf die Länder übergegangen ist"[14]. Trotzdem werden viele solcher Wohnanlagen als „Betreutes Wohnen" bezeichnet. Es gibt die unterschiedlichsten Modelle und Konzepte, die hinsichtlich der Anzahl der Wohnungen (bis zu 100 Wohnungen), der Größe der Wohnungen (bis 100 qm), des Preises (bis zu 20 € pro qm) und der vertraglichen Situation (Kopplung Miet- und Betreuungsvertrag) sich unterscheiden.

Hinsichtlich der zukünftigen Einkommensentwicklung Älterer und der zunehmenden Singularisierung muss Wohnraum auch im Alter bezahlbar sein. Wir benötigen wenig große Wohnungen. Wenn Ehepaare im Alter getrennt werden (Einzug vollstationäre Pflege oder Tod des Partners) sind für Alleinstehende große Wohnungen häufig nicht mehr bezahlbar. Ein weiterer Umzug ist notwendig. Dies entspricht nicht den Vorstellungen Älterer!

Gefragt sind barrierefreie, teilweise rollstuhlgerechte 2-Zimmer-Wohnungen zu bezahlbaren Mietpreisen und zusätzliche individuelle Dienstleistungen!

2.5.1.2 Fachliche Anforderungen

Auch wenn es keine bundeseinheitlichen Standards für „Betreutes Wohnen" gibt, so sollten doch bei dem Angebot von Seniorenwohnungen Mindeststandards eingehalten werden. In einigen Bundesländern unterliegt das „Betreute Wohnen" dem Heimgesetz. (siehe Anlage 1)

Die vertraglichen Regelungen des Miet- und Betreuungsvertrags sollen klar definieren, welche Anbieter für welche Leistungen zuständig sind und welche Leistungen Grund- und welche Wahlleistungen sind. Ebenso soll eine eindeutige Zuordnung von Kosten und Leistungen erfolgen.

Die Mieter der Wohnungen schließen mit dem Dienstleistungserbringer (Träger der Altenhilfe) einen Dienstleistungsvertrag über Grund- und/oder Wahlleistungen. Der monatliche Beitrag (Betreuungspauschale) für Grundleistungen sollte 50,00 € möglichst nicht übersteigen.

---

14 Kuratorium Deutsche Altershilfe: Gibt es den Begriff Vorschriften für Betreute Wohnanlagen?

Zu den Grundleistungen gehören beispielsweise:

» soziale Beratung,
» Organisation regelmäßiger Treffen,
» Hilfen, Klärung und Beratung in Behördenangelegenheiten,
» Hilfestellung bei der Entwicklung und Gestaltung der Hausgemeinschaft,
» Information und Beratung zu entlastenden Dienstleistungen und Pflegeangeboten bei Hilfe und Pflegebedürftigkeit,
» Weiterleitung von Informationen über Reparaturarbeiten in den Gemeinschaftsanlagen und den Wohnungen an Hausmeister oder Hausverwaltung,
» wöchentliche gemeinsame themenzentrierte Veranstaltungen (u. a. gem. Kaffeetrinken, Vorträge, Gymnastik),
» Vermittlung von haushaltsentlastenden Dienstleistungen, Hilfsleistungen bei Hilfe- und Pflegebedürftigkeit.

Zusätzlich zu den Grundleistungen sind je nach Bedarf und Notwendigkeit zusätzliche Wahlleistungen möglich. Hierzu zählen z. B.:

» Hauswirtschaftliche Versorgung:
  • Wohnungsreinigung,
  • Hausarbeiten,
  • Einkaufshilfe,
  • Betreuung von Haustieren bei Urlaub oder Krankheit.
» Allgemeine Betreuungsdienste:
  • Behördengänge,
  • Besuchsdienste,
  • Fahrdienste.
» Essensversorgung (Frühstück- und/oder Mittagessen) in der Begegnungsstätte,
» Installation eines Hausnotrufgerätes,
» Freizeitaktivitäten (z. B. Ausflüge),
» Pflegerische Hilfen:
  • Leistungen nach SGB V und SGB XI.

Ambulante Pflege (Grund- und Behandlungspflege, sowie hauswirtschaftliche Leistungen), die Inanspruchnahme der Tagespflege (teilstationäre Pflege) und niedrigschwellige Betreuungsleistungen werden über SGB XI abgerechnet.

Die Mieter profitieren bei Bedarf von umfassenden Versorgungsleistungen, die durch eine immer anwesende Alltagsbegleiterin, die auch bei Bedarf den kompletten Haushalt übernimmt, erbracht werden. Die notwendige Fachpflege wird wie im häuslichen Umfeld grundsätzlich durch einen externen ambulanten Pflegedienst erbracht.

ANFORDERUNGEN

» normale Mietwohnungen,
» **Zielgruppe:** u. a. Hilfe- und Pflegebedürftige,
» Gewährleistung der Barrierefreiheit,
» Pflege- und Serviceleistungen werden einzeln abgerechnet, möglichst eine Betreuungspauschale.

2.5.1.3. Bauliche Anforderungen

Die Wohnanlage sollte aufgrund ihrer Lage die Voraussetzungen für eine selbstständige Lebensweise und die Integration der Bewohner in das Gemeinwesen bieten. Die notwendigen Einkaufs- und Versorgungsangebote sowie öffentliche Verkehrsmittel sollten fußläufig (max. 500 m) erreichbar sein. Dies bildet auch die Voraussetzung für die „Gemeinwesenorientierung". Diese Mindestanforderung sollte im Interesse des Investors/Eigentümers oder Betreibers liegen, da die Wirtschaftlichkeit der Gesamtanlage durch die Lage und Integration von anderen Nutzungen und Zielgruppen in der Regel erhöht wird. Überaus sinnvoll ist die Einbindung des betreuten Wohnens in einen Leistungsverbund oder eine Leistungskooperation. Hinzu kommt das Bedarfskriterium. Dies ist immer nur individuell abzuschätzen, da es keine quantitativen Standardvorgaben gibt, anhand derer der Erfolg oder Misserfolg einer betreuten Wohnanlage im Vorhinein zu beurteilen wäre. Notwendig ist eine dezidierte Standortanalyse und detailliertes Konzept eines quartiersnahen Wohn- und Pflegezentrums. Dies gilt auch für die Wohnungszuschnitte und -größen. Unbedingte Voraussetzung ist bei der Planung von Seniorenwohnungen die Anwendung der DIN 18040-2 (barrierefreies Bauen) bei der Planung, Ausführung und Ausstattung von Wohnungen, Gebäuden mit Wohnungen und deren Außenanlagen. Die Anforderungen an die Infrastruktur der Gebäude mit Wohnungen berücksichtigen grundsätzlich auch die uneingeschränkte Nutzung mit dem Rollstuhl. Die Einführung der Norm bzw. einzelner Punkte in die technischen Baubestimmungen obliegt jedem Bundesland einzeln!

Abb. 9 – Beispiel Raumprogramm einer Seniorenwohnung

Räumlichkeiten	qm	Anmerkungewn
Wohnraum	Ca. 20	
Schlafraum	Ca. 12	Ausreichend Platz für mindestens einen Schrank und ein Bett, das von zwei Seiten begehbar ist.
Küche	Ca. 6	Geschlossene Küche mit einem Fenster.
Bad	Ca. 6	Rollstuhlgerecht und ein Fenster.
Abstellraum	Ca. 5 – 6	Jede Wohnung sollte unbedingt über einen Abstellraum und über ausreichend Platz für Reinigungssachen (Staubsauger) oder Getränkekisten verfügen.
Flur	Ca. 5	Ausreichend Platz für eine Garderobe.
Loggia	Ca. 5 – 6	Geschützt vor Witterungseinflüssen, ausreichend Abstellmöglichkeiten für Gartengeräte.

Abb. 10 – Beispiel barrierefreie Wohnungen „Wohnpark Weizenkamp"

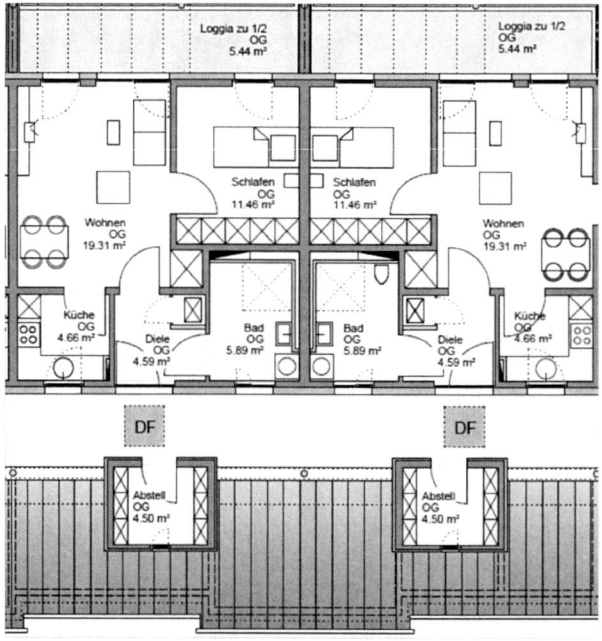

Quelle: Grundke-Architekten, Hannover; www.grundke-architekten.de / www.wgh-herrenhausen.de

2.5.2 Pflegehotel/Nachtpflege/Kurzzeitpflege

In touristisch interessanten Gebieten Deutschlands werden immer mehr „Pflegehotels" angeboten, die sich speziell an die Bedürfnisse von pflegebedürftigen Menschen und ihre pflegenden Angehörigen wenden, die gemeinsam ihren Urlaub verbringen möchten. Auch werden Nachtpflege- oder Kurzzeitpflegeeinrichtungen immer mehr als „Pflegehotel" bezeichnet. Hierbei geht es darum, dass Pflegebedürftige in Krisensituation (soziale Indikation zur Entlastung der pflegenden Angehörigen oder bei Krankheit) tageweise entweder nachts (z. B. 20 – 6.00 Uhr) oder 24-stündig für mehrere Tage im „Pflegehotel" betreut und gepflegt werden. Bei einer 24-stündigen Versorgung werden die Gäste bei Bedarf tagsüber in der Tagespflege und nachts im „Pflegehotel" versorgt. Die pflegerische Versorgung im „Pflegehotel" wird durch den ambulanten Pflegedienst sichergestellt. Im Vorfeld der Aufnahme klärt der ambulante Pflegedienst ab, welcher Pflegebedarf bei dem „Urlaubsgast" besteht und gewährleistet eine individuelle Versorgung. Der Trend zu „Pflegehotels" wird in den nächsten Jahren zunehmen.

Die Finanzierung erfolgt über § 39 SGB XI (Häusliche Pflege bei Verhinderung der Pflegeperson), bei der die Pflegekasse bis zu sechs Wochen jährlich die Kosten in Höhe von 1.612,00 € für die Pflegeaufwendungen erstattet. Außerdem kann bis zu 50 % des Leistungsbetrages für Kurzzeitpflege (806,00 €) zusätzlich für Verhinderungspflege in Anspruch genommen werden. Die Kosten für Unterkunft/Verpflegung müssen privat bezahlt werden oder werden über die Betreuungsleistungen finanziert.

Bei der Planung ist darauf zu achten, dass in vielen Bundesländern „Pflegehotels" dem Heimgesetz und der HeimmindesbauVO unterstehen und somit die Wirtschaftlichkeit bei solchen Solitäreinrichtungen nicht gegeben ist. Das trifft besonders auf ambulant geführte quartiersbezogene Wohn- und Pflegezentren zu. Für vollstationäre Pflegeeinrichtungen, die ihre dauerhaft stationären Pflegeplätze reduzieren und neben der Tagespflege, Begegnungsstätte und Seniorenwohnungen eine zusätzliche Anzahl an Betten für ein „Pflegehotel" anbieten, ist das ein interessantes Angebot.

2.5.3 Haushaltsnahe Dienstleistungen

Viele ambulante Pflegedienste erbringen schon jetzt haushaltsnahe Dienstleistungen. Es handelt sich hierbei aus Sicht vieler ambulanter Pflegedienste aber meistens um ein „Nebenprodukt" der Pflege. Das wird sich sicherlich in der nächsten Zeit ändern.

Mit dem Pflege-Stärkungsgesetz ist es möglich, zusätzliche haushaltsnahe Dienstleistungen für Leistungsempfänger der Pflegekassen abzurechnen. Neben Betreuungsleistungen können bei Nichtinanspruchnahme der ambulanten

Sachleistungen bis zu 50 % der ambulanten Sachleistungen für haushaltsnahe Dienstleistungen mit den Pflegekassen abgerechnet werden. Inwieweit diese haushaltsnahen Dienstleistungen von ambulanten Pflegediensten oder der Tagespflege erbracht werden, ist u. a. vom Verbundsystem abhängig und ist eine Frage der Organisation und Struktur des Trägers.

Um aber professionelle haushaltsnahe Dienstleistungen anbieten zu können, muss zwischen potenziellen Nutzergruppen unterschieden werden:

» **Personen mit Unterstützungsbedarf** (Ältere mit gesundheitlichen Einschränkungen und/oder alleinlebende Ältere)

Aktuelle und/oder potenzielle Nutzergruppen, die insbesondere Hausmeisterservice, hauswirtschaftliche Hilfen, Freizeit- und Kommunikationsangebote wünschen. Hierzu gehören Hausmeisterdienste, hauswirtschaftliche Hilfen, Freizeit- und Kommunikationsangebote, kulturelle Angebote, Bring- und Holdienste.

» **Personen mit Betreuungsbedarf** (Chronisch erkrankte Ältere)

Ältere, die „dauerhafte" vorpflegerische Betreuung benötigen, neben Hausmeisterdiensten, hauswirtschaftlichen Hilfen, Beratung und Vermittlung von Hilfe- und Überwachungsmöglichkeiten, die Älteren rund um die Uhr Sicherheit bieten. Hierzu zählen auch Besuchs- und Begleitdienste, Einkaufshilfen.

Es geht nicht darum, dass Tagespflegeeinrichtungen umfangreiche haushaltsnahe Dienstleistungen offerieren, was einen enormen organisatorischen Aufwand erfordert, sondern es geht um *einzelne* bisher nicht angebotene Nischenprodukte, die mit geringem personellem, organisatorischem und finanziellem Aufwand angeboten werden können. Weitere Serviceangebote sind z. B.:

» Beaufsichtigung der Wohnung bei Krankheit oder Urlaub,

» Medikamentennotdienste,

» Haustierversorgung,

» Freizeitangebote,

» Fahrdienste,

» Arztbegleitdienste.

Denkbar ist auch die Gründung einer eigenständigen Servicegesellschaft (Conciergedienst), in der alle in der Tagespflege oder eines quartiernahen Wohn- und Pflegezentrums anfallenden Planungs- und Koordinierungsaufgaben, Beratungsleistungen für Angehörige und Pflegebedürftige sowie zeitaufwendige Kurierdienste und Begleitungen der Gäste/Mieter zu Ärzten auf den Concierge Dienst übertragen werden können. Dies führt zu einer erheblichen Kostensenkung im Personalbereich der Tagespflege und einer Erhöhung des Bekanntheitsgrades der Einrichtung. Neben der Vermittlung von Informationen zu sozial- und leistungsrechtlichen Fragen zu Hilfen im Alter (Grundleistungen des betreuten Wohnens) sollte versucht werden, das richtige Dienstleistungsangebot für hilfe- und pflegebedürftige Ältere und deren Angehörige zusammenzustellen, um eine optimale Lebens- und Versorgungsqualität im häuslichen Bereich zu erreichen. Es gilt hierbei, dass die Beratung für Ältere sich qualitativ von bestehenden Angeboten einzelner Dienstleistungsunternehmen unterscheiden muss. Die vielerorts nicht vorhandene qualitative individuelle Beratung muss gewährleistet sein. D.h. qualifizierte Beratung setzt voraus, dass die Mitarbeiter sich u. a. genügend Zeit für persönliche Gespräche nehmen, um ausreichend Informationen über die sozioökonomische und gesundheitliche Situation sowie über die Wohnverhältnisse zu bekommen.

2.6 Zusammenfassung

Tagespflegeeinrichtungen gibt es in den unterschiedlichsten Kombinationsformen, wobei die Solitäreinrichtung eine Ausnahme ist. Je umfangreicher und vielfältiger die ambulanten Unterstützungsangebote für ältere hilfe- und pflegebedürftige Menschen sind, umso größer ist die ambulante Versorgungssicherheit.

Die Tagespflege würde innerhalb solch einer Wohnanlage eine zentrale Funktion erfüllen. Anders als in der ambulanten und vollstationären Pflege kann durch die kontinuierliche Verfügbarkeit und Präsenz mindestens eine 12stündige Versorgung gewährleistet werden. Das setzt voraus, dass das Leistungsangebot, die Personalplanung und die Organisation den Notwendigkeiten und Wünschen der Bewohner angepasst werden. Praktisch bedeutet das, dass die Tagespflege z. B. bis in die Abendstunden geöffnet hat und z. B. am Wochenende Betreuungsgruppen anbietet.

Die Umsetzung eines quartiersnahen Wohn- und Pflegekonzeptes ist nur zu realisieren, wenn die Individualität des hilfe- und pflegebedürftigen Mieters akzeptiert wird und ein hohes Maß an Sicherheit und Lebensqualität garantiert wird. Dazu bedarf es eines schlüssigen Betreuungs- und Personalkonzeptes. Neben der Architektur und Raumplanung muss zur Sicherstellung der Qualität und Wirtschaftlichkeit eine flexible Personalplanung erfolgen. Die pflegerische und soziale Betreuung in der Wohnanlage sollte so organisiert werden, dass unter Einhaltung der Personalmindestverordnung der rechtlich und wirtschaftlich getrennten Pflegeeinrichtungen, wie Tagespflege und Pflegedienst, alle Mitarbeiter/Innen je nach Bedarf überall einsetzbar sind. Das bedeutet, dass die MitarbeiterInnen ggf. in der Tagespflege und in der ambulanten Pflege beschäftigt sind. Dieses relativ kleine vernetzte Wohn- und Pflegeangebot bietet selbstverständlich auch die Möglichkeit, zusätzlich niedrigschwellige Betreuungsangebote (§ 45 SGB XI) durchzuführen.

Welches Leistungsangebot in der ausgesuchten Region die größten Aussichten auf Erfolg hat, hängt vom jeweiligen Bedarf ab. Damit oftmals kreative Ideen nicht zu einer Seifenblase zerplatzen, sind gründliche Planungsvorbereitungen erforderlich. Subjektive Einschätzungen oder Aussagen von Behörden reichen nicht aus.

Faktoren, die bei der Planung berücksichtigt werden müssen:
- » kleinräumige Demografie (Ballungsgebiet, Kreis, Gemeinde),
- » wirtschaftliche Faktoren,
- » rechtliche Voraussetzungen vor Ort,
- » Standortlage,
- » Grundstückspreise,
- » Einbindung in die bestehende Infrastruktur (Konkurrenz – Bedarf),
- » zentrale Frage: Preis oder Qualität (Übereinstimmung von Struktur und Inhalten),
- » Bestand oder Neubau (Sanierung nur bei guter Lage),
- » wirtschaftliche und inhaltliche „Bonität" des Betreibers.

Kapitel II

3 Grundvoraussetzungen für die Planung einer Tagespflege

Die entscheidenden Voraussetzungen für den Erfolg einer Pflegeeinrichtung sind die richtige Einschätzung der Bedarfssituation und Nachfragepotenziale für einen speziellen Standort (Haushalts- und Einkommensstruktur, Einzugsbereich) sowie genaue Kenntnisse über vorhandene Konkurrenzangebote. Durchschnittliche Bedarfskennziffern (z. B. der Versorgungsgrad im Alten- und Pflegeheimbereich) reichen zur Standort- und Konzeptionsentscheidung nicht aus. Es sollten konkrete Recherchen vor Ort (Makro- und Mikrobereich des Standorts) durchgeführt werden. Bausteine einer solchen Untersuchung sind:

Inhalte einer Bedarfs-, Standort- und Konkurrenzanalyse

» **Quantitative Bedarfsabschätzung** (Ermittlung des Potenzials an Zielgruppenhaushalten sowie Strukturmerkmale der potenziellen Zielgruppenhaushalte).

- Ist-Situation der Gesamtbevölkerung (männl./weibl.) des Standortes und der umliegenden Stadtteile (Gemeinden) unter besonderer Berücksichtigung der über 65-Jährigen.

- Bevölkerungsentwicklung der nächsten 10 – 15 Jahre im Vergleich zur bundesdeutschen Entwicklung (bzw. des jeweiligen Bundeslandes).

- Entwicklung des Anteils der Pflegebedürftigen in der Region.

» **Bedarfsabdeckung/-defizite** (Bedarf an ambulanten, teilstationären und stationären Pflegeeinrichtungen zum gegenwärtigen Zeitraum)

- Der Bedarf (Verhältnis von Angebot und Nachfrage) sollte zunächst mittels kalkulatorischer Kennzahlen bestimmt werden. Dann folgt der Abgleich mit den in der entsprechenden Konkurrenzanalyse ermittelten tatsächlichen Auslastungsraten sowie eventuellen Wartezeiten bei den im Einzugsgebiet bereits im Betrieb befindlichen Einrichtungen.

- Bedarf an speziellen Pflegeeinrichtungen (Gerontopsychiatrische und/oder Rehabilitationseinrichtungen).

- Bedarfsentwicklung bei Pflegeeinrichtungen (ambulant, teilstationär und stationär) aufgrund demografischer Veränderungen in den kommenden 10 – 15 Jahren.
- Abgleich mit kommunalen Planungsrichtwerten.

» **Konkurrenzanalyse Pflegeeinrichtungen und niedrigschwelliger Leistungsangebote:**

a) quantitativ

- Vorhandene und geplante Pflegeeinrichtungen (ambulant, teilstationär, stationäre Pflegeeinrichtungen und flankierende Hilfsangebote),
- Pflegesätze pro Pflegetag (ambulant, teilstationär, stationäre Pflegeeinrichtungen),
- Auslastungsraten sowie Wartezeiten.

b) qualitativ

- Service- und Dienstleistungsangebote,
- Versorgungsqualität (Qualitätsmanagement),
- Einrichtungskonzeption,
- Qualität der Integration in das Gemeinwesen,
- Einhaltung der HeimMindBauV,
- Preis-Leistungs-Verhältnis.

» **Einschätzung des Standorts (Mikrobereich) für eine Tagespflege**

- Entwicklung im näheren Umfeld (Wohn- oder Industriegebiet, vorhandene Infrastruktur, Verkehrsanbindung, Lärmbelästigung usw.),
- Image des Standortes,
- Akzeptanz des Projekts durch Anwohner,
- Einzugsgebiet medizinische Versorgung (niedergelassene Ärzte, Krankenhaus).

- » **Akzeptanz des Standorts im Hinblick auf eine Tagespflege**
  - Potenzielle Nachfragetypen (Schwerpunkt Versorgung somatisch oder gerontopsychiatrisch Erkrankter),
  - Akzeptanz vorgesehener Konzeption (Wie wird welches Verbundsystem akzeptiert?),
  - Realisierbarkeit geplanter Pflegesätze.

- » **Allgemeine Rahmenbedingungen**
  - Trägerporträt und Projektvorstellung,
  - geplante Neubauten,
  - Aufnahme in den örtlichen Altenpflegeplan (Chancen für die Inanspruchnahme von Fördermitteln),
  - Personalverfügbarkeit,
  - sozioökonomische Struktur der Bevölkerung (Anteil der Sozialhilfeempfänger, Rentenniveau),
  - Familienpflegepotenzial.

- » **Bewertung**

Methodik:
- » **Auswertung der verfügbaren statistischen Datengrundlagen** (Zielgruppenpotenzial und -Struktur, Pflegeheimstatistiken etc.),
- » **Auswertung vorhandener Informationsberichte** (Prospekte und Konzeptionen),
- » **Recherche vor Ort** (Bewohner-, Zielgruppen und Expertengespräche),
- » **Standortbegutachtung** (vorhandene Bauformen, mögliche Verflechtungsstrukturen etc.).

ANMERKUNG

Hinsichtlich der Finanzierung und Planungssicherheit sollten Bedarfs-, Standort- und Konkurrenzanalysen u. a. von neutralen Unternehmensberatungsgesellschaften erstellt werden. Das gilt auch für die Projektplanung und -begleitung.

Auf der Grundlage der Bedarfs-, Standort- und Konkurrenzanalyse, der Unternehmensstrategie und vorhandenen Bonität kann das Leistungsangebot festgelegt werden. Je nach Vorbereitungszeit kann die Projektentwicklung bis zur Erteilung eines Versorgungsvertrages ca. **1 bis 1,5** Jahre dauern.

Abb. 11 – Raster Planungsablauf

Projektvorbereitung (1. Phase)	Projektentwicklung (2. Phase)	Projektrealisierung (3. Phase)
1. **Brainstorming** (Ideenentwicklung)	1. **Bauplanung und Abstimmung mit den Behörden**	1. **Vergabe der Bauleistungen**
2. **Marktanalyse erstellen** • Bedarfs-, Standort- und Konkurrenzanalyse • Kalkulation erstellen	2. **Finanzierung** • Förderung mit den zuständigen Ämtern klären • Bankgespräche • Rentabilitätsberechung	2. **Projektsteuerung** • Überwachung der Kosten • Terminsteuerung • Qualitätsüberwachung
3. **Planung der Einrichtung** • Verbundsystem klären • Größe der Einrichtung • Zielsetzung • Zielgruppe	3. **Feinkonzeption** • Leistungsinhalte festlegen • Personalbedarf	3. **Personaleinstellung**
4. **Grobkonzeption erstellen**	4. **Versorgungsvertrag beantragen**	4. **Pflegesatzverhandlung**
5. **Klärung der Trägerschaft**	5. **Zeitplan bis zur Eröffnung aufstellen**	5. **Öffentlichkeitsarbeit**
6. **Klärung der Finanzierung** • Landesfördermittel? • freie Finanzierung?	6. **Beginn der Öffentlichkeitsarbeit**	6. **Teil- und Endabnahme**
7. **Raumangebot festlegen** (Raumplanung mit der Heimaufsicht klären)		7. **Eröffnung**

4 Notwendige Unterlagen für die Beantragung eines Versorgungsvertrages

Grundlage eines zukünftigen Versorgungsvertrages nach § 72 SGB XI (Tagespflege) und einer Vergütungsvereinbarung (Pflegesatzvereinbarung über Leistungen der teilstationären Pflege) sind die Rahmenvereinbarungen nach § 75 Abs. 1 SGB XI für die Tages- und Nachtpflege entsprechend der jeweiligen Länderfassung.

Für den Betrieb einer Tagespflege ist möglichst ca. **vier Monate** vor Inbetriebnahme der Struktur-Erhebungsbogen (siehe Anlage 5) vollständig bei der zuständigen Landespflegekasse oder den zuständigen Ämtern (abhängig vom jeweiligen Bundesland) einzureichen. Nach Erteilung der schriftlichen Baugenehmigung und dem Nachweis aller notwendigen Unterlagen wird der Versorgungsvertrag erteilt. Neben dem Versorgungsvertrag sind die Kostenträger (Pflegekassen und Sozialhilfeträger) ca. **sechs Wochen** vor Betriebsbeginn zu Vergütungsverhandlungen aufzurufen. Hierzu ist eine entsprechende Kalkulation einzureichen.

Notwendige Unterlagen für den Strukturerhebungsbogen u. a.
- Aufstellung personelle Besetzung (inkl. Zeugnisse),
- Kalkulation Tagessatz,
- Pflegekonzept,
- Mustervertrag,
- Raumverzeichnis.

Inhaltsverzeichnis eines Einrichtungs- und Pflegekonzeptes
I. Einrichtungskonzept
1. Allgemeine Daten des Trägers
- Lage,
- bauliche Ausstattung,
- Öffnungszeiten,
- Fahrdienst.

2. Zielgruppe und Leistungsangebot (Zielgruppe, Art und Inhalte)
3. Finanzierungsgrundlage (entsprechend Pflegesatzvereinbarung § 85 Abs. 1 SGB XI)
4. Personelle Ausstattung.

II. Pflegekonzept
1. Pflegetheoretische Grundlagen
2. Pflegemodell
3. Pflegesystem
4. Pflegeprozess
5. Soziale Betreuung
6. Hygienekonzept
7. Einbeziehen von Angehörigen
8. Aufbau von Kooperationen
9. Fortbildung
10. Beratung, Vermittlung von Serviceleistungen
11. Qualitätssicherung

5 Allgemeine Gesetzliche Grundlagen

Nach und nach haben sich die gesetzlichen Anforderungen für den Betrieb einer Tagespflege verändert. In den letzten Jahren wurden Mindestanforderungen gesetzlich geregelt und teilweise erhöht. Galten mit Einführung des Pflegeversicherungsgesetzes noch allgemeine Empfehlungen für den Bau einer Tagespflegeeinrichtung, so gelten jetzt bundesweit qualitative Mindestanforderungen und je nach Bundesland unterschiedliche Bau- und Hygieneverordnungen.

5.1 Heimgesetz

In den letzten Jahren wurde in die einzelnen Bundesländer das Heimgesetz den sich verändernden gesetzlichen Rahmenbedingungen angepasst. In vielen Bundesländern untersteht die Tagespflege der Heimaufsicht.

Für Träger von Tagespflegeeinrichtungen im Verbund mit stationären Pflegeeinrichtungen ist das Heimgesetz nicht unbekannt. Solitäreinrichtungen oder ambulante Dienste hatten bisher noch keine oder wenig Erfahrungen mit dem Heimgesetz und der Heimaufsicht.

In den jeweiligen Heimgesetzen des Bundeslandes werden folgende Punkte geregelt:

» Anwendungsbereich (Klärung, ob die Tagespflege dem Heimgesetz unterstellt ist),
» Auswahl der Bewohner/Gäste (Bestellung eines Heimfürsprechers),
» Pflichte und Leistungen des Heims (Tagespflege),
» Notwendigkeit des Abschlusses eines Heimvertrages (siehe Anlage 2),
» Personalanforderungen (Personalmindestverordnung),
» Baurechtliche Anforderungen (Heimmindestbauverordnung).

Je nach Heimgesetz gelten unterschiedliche Verordnungen für die Planung und den Betrieb einer Tagespflege.

Abb. 12 – Heimgesetz

Bundesland	Gesetz	Tagespflege unterliegt dem Heimgesetz	Tagespflege unterliegt nicht dem Heimgesetz
Bayern	Pflege- und Wohnqualitätsgesetz (PfleWoqG)		x
Baden-Württemberg	Landesheimgesetz (LHeimG)	Eingestreute Tagespflege	x
Berlin	Wohnteilhabegesetz (WTG) und Wohnteilhabe-Personalverordnung (WTG-PerV)	x	
Bremen	Bremische Wohn- und Betreuungsgesetz	x	
Brandenburg	Brandenburgisches Pflege- und Betreuungswohngesetz (BbgPBWoG)		x
Hamburg	Hamburgisches Wohn- und Betreuungsqualitätsgesetz (HambWBG)	x	
Hessen	Hessisches Gesetz über Betreuungs- und Pflegeleistungen (HGBP)	x	
Mecklenburg-Vorpommern	Einrichtungsqualitätsgesetz (EQG-M-V)	x (eingeschränkt)	
Niedersachsen	Niedersächsisches Heimgesetz (NHeimG) – Weiterentwicklung voraussichtlich 2015	x	
Nordrhein-Westfalen	Wohn-Teilhabe Gesetz (WTG) – siehe DurchführungsVO	x	
Rheinland-Pfalz	Landesgesetz über Wohnformen und Teilhabe (LWTG)		x
Saarland	Saarländisches Gesetz zur Sicherung der Wohn-, Betreuungs- und Pflegequalität für ältere Menschen sowie pflegebedürftige und behinderte Volljährige (Landesheimgesetz Saarland-LHeimGS)		x
Sachsen	Sächsisches Betreuungs- und Wohnqualitätsgesetz (SächsBeWoG)		x
Sachsen-Anhalt	Wohn- und Teilhabegesetz (WTG-LSA)		x
Schleswig-Holstein	Gesetz zur Stärkung von Selbstbestimmung und Schutz von Menschen mit Pflegebedarf oder Behinderung (Selbstbestimmungsstärkungsgesetz)	x	
Thüringen	Thüringer Gesetz über betreute Wohnformen und Teilhabe (Thüringer Wohn- und Teilhabegesetz-ThürWTG)		x

5.2 Qualitätssicherung

Seit dem 1. März 2013 gelten die Maßstäbe und Grundsätze für die Qualität und die Qualitätssicherung auch für die Tagespflege. Wie im stationären und ambulanten Pflegebereich bestimmen die Qualitätsrichtlinien für die teilstationäre Pflege (Tages- und Nachtpflege) die Mindestanforderungen für den Betrieb einer Tagespflegeeinrichtung. Die Qualitätsrichtlinien sind für alle zugelassenen Tagespflegeeinrichtungen verbindlich.

Gemäß § 113 SGB XI sind auch teilstationäre Altenpflegeeinrichtungen verpflichtet, Qualitätssicherungsmaßnahmen zu betreiben und zu dokumentieren. In den MuK's[15] sind die wesentlichen Qualitätsanforderungen beschrieben. Hierzu gehört die:

» **Strukturqualität:** bezieht sich auf die materiellen und personellen Rahmenbedingungen, z. B. Anzahl, Qualifikation, Fortbildungsstand der Mitarbeiter, Stellenbeschreibungen, Organigramme, Ausstattung der Einrichtung usw.
» **Prozessqualität:** bedeutet die sichere Beherrschung der Arbeitsprozesse, z. B. Pflegeplanung, Dokumentation, Pflegestandards usw.
» **Ergebnisqualität:** bezieht sich auf den Pflegezustand, das Wohlbefinden und die Zufriedenheit der Bewohner.

Qualitätsmanagement wird als ein Organisationsentwicklungsprozess verstanden, in dem Wertvorstellungen, Ziele, Organisationsstrukturen und Abläufe in einer Einrichtung analysiert, aufeinander abgestimmt, dokumentiert, weiterentwickelt und ausgewertet werden, so ist die Qualitätssicherung Bestandteil dieses Systems.

Qualitätssicherungsmaßnahmen als Teil eines Qualitätsmanagements dienen nicht nur dazu, den Gesetzgeber und insbesondere den MDK zufriedenzustellen, sondern führen

» zu mehr Kundenorientierung (Transparenz der Leistungen),
» zur Optimierung der Qualität der Arbeit,
» zu mehr Wirtschaftlichkeit und Effizienz.

---

15 „Maßstäbe und Grundsätze für die Qualität und die Qualitätssicherung sowie für die Entwicklung eines einrichtungsinternen Qualitätsmanagements nach § 113 SGB XI in der teilstationären Pflege (Tagespflege)" (MuG teilstationär).

Wichtig ist, dass alle Tätigkeiten in der Tagespflege logisch nachvollziehbar sind und entsprechend dokumentiert werden.

Um den Anforderungen und dem Qualitätsanspruch der Arbeit in der Tagespflege gerecht zu werden, bedarf es Methoden, auf die die Mitarbeiter zugreifen können. So ist es wichtig, dass zur Qualitätssicherung Standards entwickelt werden, die von allen Mitarbeitern akzeptiert und mitgetragen werden. „Standards sollen dem Mitarbeiter Anleitung und Orientierung sein. Sie sollen helfen, Kompetenzen in den unterschiedlichen Aufgabenfeldern einer Tagespflege zu erlangen oder zu erweitern."

Abb. 13 – Zusammenfassung „Maßstäbe und Grundsätze für die Qualität und die Qualitätssicherung in der Tagespflege[16] sowie für die Entwicklung eines einrichtungsinternen Qualitätsmanagements nach § 113 SGB XI in der teilstationären Pflege (Tagespflege)" (MuG teilstationär).

Gesetzliche Grundlagen § 113 SGB XI	Notwendige Maßnahmen Einrichtungsträger
Präambel	• Entwicklung eines einrichtungsinternen Qualitätsmanagements • Sicherstellung der Pflege, soziale Betreuung und hauswirtschaftliche Versorgung (Unterkunft/Verpflegung) • Erstellung eines Pflegekonzeptes • Erstellung eines Betreuungskonzeptes • Erstellung eines Hauswirtschaftskonzeptes
1.3 Einrichtungsinternes Qualitätsmanagement	Beschreibung • der Verantwortlichkeiten • der Abläufe der Leistungen • der Methoden und Verfahren in den Leistungsbereichen • Dokumentation der Leistungen • Sicherstellung der Bewertung der Leistungen durch die Gäste (Kunden) u. a. durch den Aufbau eines Beschwerdemanagements
2 Strukturqualität 2.1.2 Darstellung der Tagespflegeeinrichtung	Schriftliche Informationen zur Außendarstellung: • Leitbild und Konzept • Leistungen der Pflege, sozialen Betreuung und hauswirtschaftlichen Versorgung • räumliche und personelle Ausstattung • Beteiligung an Qualitätssicherungsmaßnahmen • Öffnungszeiten • Tagessätze (Pflegesätze, Unterkunft/Verpflegung und Investitionskosten)

---

16 „Maßstäbe und Grundsätze für die Qualität und die Qualitätssicherung sowie für die Entwicklung eines einrichtungsinternen Qualitätsmanagements nach § 113 SGB XI in der teilstationären Pflege (Tagespflege)" (MuG teilstationär).

Gesetzliche Grundlagen § 113 SGB XI	Notwendige Maßnahmen Einrichtungsträger
2.2.3 Fort- und Weiterbildung	Sicherstellung der fachlichen Qualität der Leitung und der Mitarbeiter u.a. durch • ein Einarbeitungskonzept • funktions- oder aufgabenbezogene Fort- und Weiterbildung • Bereitstellung von Fachliteratur
3 Prozessqualität 3.1.1 Tagespflegekonzept 3.1.2 Aufnahme und Eingewöhnung	• Erstellung eines Tagespflegekonzeptes auf der Grundlage pflege- bzw. sozialwissenschaftlicher Erkenntnisse sowie praktischer Erfahrungen • Angebot eines Aufnahme- und Erstgesprächs für Gäste und Angehörige • Erstellung eines Aufnahme- und Eingewöhnungskonzeptes
3.1.3 Pflegeplanung und -dokumentation Anmerkung: Sofern die Medikamentengabe bereits in der Häuslichkeit vorbereitet wurde (vorbereitete Tagesdosis), ist mit den Angehörigen zu besprechen, dass grundsätzlich davon ausgegangen wird, dass die Dossierung und das Medikament der ärztlichen Anordnung entsprechen. Dies ist zu dokumentieren.	Erstellung einer Pflegedokumentation mit Aussagen zu folgenden Bereichen • Stammdaten • Pflegeanamnese/Informationssammlung inkl. Erfassung von pflegerelevanten Biografiedaten • Pflegeplanung • Pflegebericht • Leistungsnachweis • Dokumentation der ärztlich verordneten/angeordneten Leistungen im Rahmen des ärztlichen Behandlungs- und Therapieplanes
3.2 Unterkunft und Verpflegung 3.2.1 Verpflegung 3.2.3 Gestaltung der Räumlichkeiten 3.2.4 Dokumentation	• Angebot an altersgerechten und abwechslungsreichen Speise- und Getränkeangeboten • Diätnahrung ist bei Bedarf anzubieten • Die Räumlichkeiten sind nach den Bedürfnissen der Gäste zu gestalten • Leistungen der hauswirtschaftlichen Versorgung sind zu dokumentieren • Speise- und Reinigungspläne sind Bestandteil der Dokumentation
3.3 Soziale Betreuung 3.3.2 Angebote der sozialen Betreuung	• Angebote an Einzel- und Gruppenangeboten • Besondere Angebote für Gäste mit Demenzerkrankungen, die deren besondere Situation und Bedürfnisse berücksichtigen.

Gesetzliche Grundlagen § 113 SGB XI	Notwendige Maßnahmen Einrichtungsträger
4 Maßnahmen der Tagespflegeeinrichtung zur Qualitätssicherung	Sicherstellung von Maßnahmen zur internen Sicherung der Struktur-, Prozess- und Ergebnisqualität. Hierzu zählen: • Einrichtung von Qualitätszirkeln • Einsetzen eines Qualitätsbeauftragten • Mitwirkung an Qualitätskonferenzen • Mitwirkung an Assessmentrunden • Die Entwicklung und Weiterentwicklung von Verfahrensstandards für die Pflege und Versorgung • Interne Audits • Externe Audits

Aufbauend auf den Maßstäben und Grundsätzen für die Qualität und die Qualitätssicherung in der Tagespflege ist in Anlage 3 ein Musterinhaltsverzeichnis eines Qualitätshandbuches hinterlegt.

5.3 Hygieneanforderungen

Mit Zunahme der Tagespflegeeinrichtungen nehmen die Anforderungen im Bereich Hygiene zu. Immer öfter werden die Richtlinien und Verordnungen der vollstationären Pflege auch auf die Tagespflege angewandt. Dies trifft besonders für den Küchenbereich zu. In vielen Tagespflegeeinrichtungen werden die Mahlzeiten für die Gäste in der Tagespflege angefertigt. Unabhängig davon, dass das selbst zubereitete Essen in Tagespflegeeinrichtungen besonders gut schmeckt, fördert es die Identifikation der Gäste mit der Tagespflege und es kommt vor, dass Gäste im Rahmen ihrer Möglichkeiten bei der Essenszubereitung mithelfen. Unabhängig davon ist die eigene Herstellung der Mahlzeiten wesentlich kostengünstiger, als wenn besonders das Mittagessen von externen Kooperationspartnern angeliefert wird.

Grundsätzlich sind allerdings das Infektionsschutzgesetz (IfSG) und das HACCP-Konzept (**H**azard **A**nalysis and **C**ritical **C**ontrol **P**oints – Gefahrenanalyse und kritische Kontrollpunkte –) anzuwenden. Das HACCP ist ein vorbeugendes System, das die Sicherheit von Lebensmitteln und Verbrauchern gewährleisten soll.

Das HACCP-Konzept fordert folgende Maßnahmen:
» alle im Verantwortungsbereich eines Unternehmens vorhandenen Gefahren für die Sicherheit der Lebensmittel zu analysieren,
» die für die Sicherheit der Lebensmittel kritischen Kontrollpunkte zu ermitteln,
» Eingreifgrenzen für die kritischen Kontrollpunkte festzulegen,

- » Verfahren zur fortlaufenden Überwachung der kritischen Kontrollpunkte einzuführen,
- » Korrekturmaßnahmen für den Fall von Abweichungen festzulegen,
- » zu überprüfen, ob das System zur Sicherstellung der Lebensmittelsicherheit geeignet ist,

  und
- » alle Maßnahmen zu dokumentieren.

In der Praxis bedeutet das, dass die Kühlschranktemperatur regelmäßig kontrolliert und dokumentiert werden muss, die Speisentemperatur überwacht, die Anbruchdaten gekennzeichnet werden müssen und entsprechend Rückstellproben für Speisen erforderlich sind usw.

- » Nach § 36 Abs. 1 IfSG ist ein Hygieneplan auch für die Tagespflege vorgeschrieben, auszurichten nach den Empfehlungen des Robert-Koch-Institutes. Einrichtungen werden durch Gesundheitsämter überwacht.
- » Aufnahme in Tagespflege ist genauso wie in der vollstationären Einrichtung nur mit Tuberkulosetest zulässig (§ 36 Abs. 4 IfSG).
- » Für Personal, das mit Lebensmitteln Berührung hat, muss eine Belehrung nach § 43 Abs. 2 IfSG erfolgen bzw. nachgewiesen werden.

Die Verordnungen werden je nach Bundesland und Landkreis sehr unterschiedlich angewendet.

Vor Inbetriebnahme der Tagespflege sollten sich Betreiber von den zuständigen Ämtern beraten lassen!

Alle lebensmittel- und infektionshygienischen Anforderungen mit dem Gesundheitsamt und der Heimaufsicht gemeinsam abstimmen.

6 Bauliche Voraussetzungen

In den überwiegenden Bundesländern gibt es kein verbindliches Raumangebot für Tagespflegeeinrichtungen. Entsprechende Verordnungen gibt es in den Bundesländern

» Bremen,

» Berlin,

» Hamburg,

» Mecklenburg-Vorpommern,

» Nordrhein-Westfalen, Niedersachsen (Empfehlung)

» Thüringen

(siehe Anlage 4.)

6.1 Rechtliche Grundlagen

Je nach Bundesland müssen bzw. sollten bei der Planungen einer Tagespflege die Grundlagen nach DIN 18040-2 angewandt werden. Die Norm DIN 18040-2 ersetzt die DIN 18025-1 und DIN 18025-2. Die Anwendung wird in den Technischen Baubestimmungen der Bundesländer geregelt.

Abb. 14 – Liste der Technischen Baubestimmungen (LTB) – Relevante Normen zum barrierefreien Bauen[17]

Bundesland	Bekanntmachung	DIN 18065	DIN 18040-1	DIN 18040-2	DIN 18040-3	DIN 18024-1	DIN 18024-2	DIN 18025-1	DIN 18025-2
Baden-Württemberg	17.12.14	x	x	x					
Bayern	04.12.13	x	x	x					
Berlin	17.01.14	x	x	x		x			
Brandenburg	02.09.13	x	x	x		x			
Bremen	16.08.13	x				x	x	x	x
Hamburg	16.05.12	x	x	x					
Hessen	18.06.12	x	x	x		x			
Mecklenburg-Vorpommern	17.03.14	x	x	x					
Niedersachsen	30.12.13	x	x	x					
Nordrhein-Westfalen	22.05.12								

17 www.nullbarriere.de/technische-baubestimmungen-liste.html

Bundes-land	Bekannt-machung	DIN 18065	DIN 18040-1	DIN 18040-2	DIN 18040-3	DIN 18024-1	DIN 18024-2	DIN 18025-1	DIN 18025-2
Rheinland-Pfalz	15.05.12	x					x	x	x
Saarland	19.06.14	x	x	x		x			
Sachsen	11.02.14	x	x	x		x			
Sachsen-Anhalt	01.07.13	x	x	x		x			
Schleswig-Holstein	29.06.12	x	x	x		x			
Thüringen	14.06.12	x	x	x		x			

6.2 Raumprogramm

In den Bundesländern, in denen kein konkretes Raumprogramm vorgeschrieben ist, werden die Empfehlungen des Kuratoriums Deutsche Altershilfe (KDA) zugrunde gelegt.

Abb. 15 – Empfehlung Kuratorium Deutsche Altershilfe Mindestraumbedarf für 12 Gäste nach Empfehlungen[18]

Räumlichkeiten	qm	Gesamt qm
Eingangsbereich	ca. 20	ca. 20
Wohn-/Aufenthaltsraum	ca. 40	ca. 40
Gymnastik-/Therapieraum	ca. 30	ca. 30
Ruheraum	ca. 26	ca. 26
Küche	ca. 20	ca. 20
Dienstraum	ca. 20	ca. 20
WC-Damen	ca. 4	
WC-Herren	ca. 4	
Behindertengerechte WC-Anlage	ca. 6	ca. 16
Abstellraum 1	ca. 7	
Abstellraum 2	ca. 7	
Abstellraum 3	ca. 7	ca. 21
Behandlungsraum Ärzte	ca. 10	ca. 10
Gesamtfläche		ca. 217

Nettogrundfläche sollte 18 Quadratmeter pro Platz nicht unterschreiten

---

18   Kuratorium Deutsche Altershilfe (Hrsg.): Arbeitshilfen für Planung und Betrieb von Tagespflege-Einrichtungen, „thema" 91, Köln 1995.

Das vom KDA 1996 empfohlene Raumprogramm entspricht nicht mehr den heutigen qualitativen Ansprüchen! Trotzdem werden in manchen Bundesländern wie Mecklenburg-Vorpommern, Berlin und Hamburg noch Grundflächen pro Platz von 10 qm (Mecklenburg-Vorpommern), 14 qm (Berlin) oder 16 qm (Hamburg) empfohlen bzw. vorgeschrieben.

Die Gästestruktur der Tagespflegeeinrichtungen hat sich in den letzten 15 Jahren sehr verändert. Der Raumbedarf von 18 qm pro Platz reicht eigentlich heute nicht mehr aus.

Merkmale der sich verändernden Gästestruktur:
» Ca. 80 % der Gäste sind demenziell erkrankt.
» Anteil der Pflegebedürftigen mit Pflegestufe 2 und 3 steigt kontinuierlich.
» Hoher Anteil an männlichen Gästen.
» Hoher Anteil an Gästen, die einen Rollator benötigen.
» Ca. 25 bis 30 % der Gäste sind Rollstuhlfahrer.

Aufgrund der sehr heterogenen Gästestruktur mit unterschiedlichen Fähigkeiten und Bedürfnissen müssen die Gruppen hinsichtlich des Beschäftigungsangebotes getrennt werden. Bei einem hohen Anteil an Rollstuhlfahrern muss auch auf das Ruhebedürfnis der nicht mobilen Tagespflegegäste Rücksicht genommen werden. Einige Rollstuhlfahrer oder Schwerstpflegebedürftige benötigen ein Bett, um sich auszuruhen. Es werden zusätzliche Abstellräume für Hilfsmittel, Lebensmittel, Beschäftigungsmaterial benötigt.

Die Anforderungen u. a. im Bereich der Hygiene, Brandschutz und Personalverordnungen sind gestiegen bzw. die zuständigen Aufsichtsbehörden wenden immer mehr Bestimmungen der Heimmindestbauverordnungen an.

Durch die finanziellen Entlastungen durch das Pflege-Weiterentwicklungsgesetz 2008 und besonders mit dem Pflege-Stärkungsgesetz steigt die Nachfrage nach Tagespflegeplätzen. Viele Träger sehen den wirtschaftlichen Nutzen der Tagespflege. Die Konsequenz ist, dass die Tagespflegeeinrichtungen immer größer werden. Es werden selten Tagespflegeeinrichtungen noch mit 12 Plätzen gegründet. Einrichtungen mit 24 bis 30 Plätzen sind keine Seltenheit mehr. Aus fachlicher Sicht ist bei 18 bis 20 Plätzen das Maximum erreicht. Der organisatorische Aufwand und therapeutische Nutzen noch größerer Einrichtungen ist zu hinterfragen. Mit der Zunahme der Einrichtungen und der Erhöhung der Platzzahl steigen auch entsprechend die gesetzlichen Anforderungen. Bei Tagespflegeeinrichtungen mit mehr als 12 Plätzen sind hinsichtlich des Raumangebotes noch folgende gesetzliche Bestimmungen zu beachten:

» **Biologische Arbeitsstoffe im Gesundheitswesen und in der Wohlfahrt (TRBA 250)**

„Die Technischen Regeln für Biologische Arbeitsstoffe (TRBA) geben den Stand der Technik, Arbeitsmedizin und Arbeitshygiene sowie sonstige gesicherte wissenschaftliche Erkenntnisse für Tätigkeiten mit biologischen Arbeitsstoffen wieder. Sie werden vom Ausschuss für Biologische Arbeitsstoffe (ABAS) ermittelt".[19]

» **Arbeitsstättenverordnung (ArbStättV)**

Auszug: Verordnung über Arbeitsstätten (Arbeitsstättenverordnung – ArbStättV)

„**§ 6 Arbeitsräume, Sanitärräume, Pausen- und Bereitschaftsräume, Erste-Hilfe-Räume, Unterkünfte**

(1) Der Arbeitgeber hat solche Arbeitsräume bereitzustellen, die eine ausreichende Grundfläche und Höhe sowie einen ausreichenden Luftraum aufweisen.

(2) Der Arbeitgeber hat Toilettenräume bereitzustellen. Wenn es die Art der Tätigkeit oder gesundheitliche Gründe erfordern, sind Waschräume vorzusehen. Geeignete Umkleideräume sind zur Verfügung zu stellen, wenn die Beschäftigten bei ihrer Tätigkeit besondere Arbeitskleidung tragen müssen und es ihnen nicht zuzumuten ist, sich in einem anderen Raum umzukleiden. Umkleide-, Wasch- und Toilettenräume sind für Männer und Frauen getrennt einzurichten oder es ist eine getrennte Nutzung zu ermöglichen. Bei Arbeiten im Freien und auf Baustellen mit wenigen Beschäftigten sind Waschgelegenheiten und abschließbare Toiletten ausreichend.

(3) Bei mehr als zehn Beschäftigten, oder wenn Sicherheits- oder Gesundheitsgründe dies erfordern, ist den Beschäftigten ein Pausenraum oder ein entsprechender Pausenbereich zur Verfügung zu stellen. Dies gilt nicht, wenn die Beschäftigten in Büroräumen oder vergleichbaren Arbeitsräumen beschäftigt sind und dort gleichwertige Voraussetzungen für eine Erholung während der Pause gegeben sind. Fallen in die Arbeitszeit regelmäßig und häufig Arbeitsbereitschaftszeiten oder Arbeitsunterbrechungen und sind keine Pausenräume vorhanden, so

---

19 TRBA 250 Biologische Arbeitsstoffe im Gesundheitswesen und in der Wohlfahrtspflege; Ausgabe März 2014 GMBl 2014, Nr. 10/11 vom 27.03.2014 Änderung vom 22.05.2014, GMBl Nr. 25

sind für die Beschäftigten Räume für Bereitschaftszeiten einzurichten. Schwangere Frauen und stillende Mütter müssen sich während der Pausen und, soweit es erforderlich ist, auch während der Arbeitszeit unter geeigneten Bedingungen hinlegen und ausruhen können.

(4) Erste-Hilfe-Räume oder vergleichbare Einrichtungen müssen entsprechend der Unfallgefahren oder der Anzahl der Beschäftigten, der Art der ausgeübten Tätigkeiten sowie der räumlichen Größe der Betriebe vorhanden sein.

(5) Für Beschäftigte hat der Arbeitgeber Unterkünfte bereitzustellen, wenn Sicherheits- oder Gesundheitsgründe, insbesondere wegen der Art der ausgeübten Tätigkeit oder der Anzahl der im Betrieb beschäftigten Personen, und die Abgelegenheit des Arbeitsplatzes dies erfordern und ein anderweitiger Ausgleich vom Arbeitgeber nicht geschaffen ist.

(6) Für Sanitärräume, Pausen- und Bereitschaftsräume, Erste-Hilfe-Räume und Unterkünfte nach den Absätzen 2 bis 5 gilt Absatz 1 entsprechend."

ANMERKUNG

Die ArbStättV ist ein Bundesgesetz. Inwieweit die ArbStättV in der Tagespflege angewandt wird, hängt von der Beurteilung der zuständigen Behörde ab (Gewerbeaufsichtsamt oder Heimaufsicht) ab.

In der Praxis bedeutet das, dass ggfs. ein zusätzlicher Personalraum und Umkleideräume vorgehalten werden müssen. Benötigt werden somit insgesamt 20 Quadratmeter pro Platz. Selbst bei einer Vorgabe von 18 qm pro Platz benötigen große Tagespflegeeinrichtungen mit 20 oder 30 Plätzen einen Raumbedarf von insgesamt 324 bis 360 Quadratmeter. Bei einer noch höheren Anzahl an Plätzen müsste das Raumangebot prozentual noch weiter steigen. Hierfür entsprechende Räumlichkeit oder Grundstückgrößen zu finden, wird schwierig.

» **Gesamtanlage**

Die Räumlichkeiten der Tagespflege sollen sich möglichst im Erdgeschoss befinden, damit der Gast – wenigstens subjektiv – möglichst nah am täglichen Geschehen außerhalb der Einrichtung teilhaben kann. Die Gesamtgröße und Aufteilung der Räumlichkeiten sollte den baulichen Gegebenheiten des Stadtteils angepasst sein. Ebenso wichtig wie die Räumlichkeiten ist der Standort. Eine Tagespflege sollte immer zentrumsnah liegen und den Gästen das subjektive Gefühl geben, im sozialen Leben integriert zu sein. Eine Tagespflege kann auch an einer belebten Einkaufsstraße liegen. Die Geräuschkulisse spielt anders als bei jungen Menschen eine untergeordnete Rolle. Wichtig ist, es passiert etwas in unmittelbarer Nähe; es findet Leben statt. Eine Tagespflege in einem Gewerbegebiet oder auf dem flachen Lande fernab jeder Kommune ist den Gästen nicht zuzumuten.

» **Eingangsbereich**

Der Eingangsbereich sollte so großzügig gestaltet sein, dass bei der Ankunft und Abfahrt ausreichend Platz für alle Gäste vorhanden ist, damit sie sich problemlos umziehen können.

» **Aufenthalts-, Therapie-, Essbereich**

Jede Tagespflegeeinrichtung sollte bei optimalen Voraussetzungen mindestens über *drei Aufenthaltsräume* verfügen, um genügend Ausweichmöglichkeiten für z. B. Gruppenarbeit zu haben. Da es sich bei der Mehrheit um Gäste mit gerontopsychiatrischen Erkrankungen handelt, sollte eine Gruppe höchstens über sechs bis acht Teilnehmer verfügen. Auch nehmen nicht alle Gäste gleichzeitig an Aktivitäten teil. Es gibt immer einzelne, die je nach Stimmungslage ein Ruhebedürfnis haben.

» **Ruhe- bzw. Schlafraum**

Je nach Größe der Einrichtung sollte ein eigener Ruhe- bzw. Schlafraum eingerichtet werden oder einer der Aufenthaltsräume als Ruheraum genutzt werden können. Die Mehrheit der Gäste wird nach dem Mittagessen das Bedürfnis nach einem Mittagschlaf haben. In größeren Einrichtungen ab ca. 18 Plätzen wäre ein Bett sinnvoll. In einigen Bundesländern und Landkreise müssen Betten vorgehalten werden.

» **Küche**

Die Küche sollte sich möglichst in der Nähe des Wohn- bzw. Aufenthaltsraumes befinden. Wird in der Küche für alle Gäste gekocht, gelten analog dem vollstationären Pflegebereich die Vorschriften der Lebensmittelhygiene-Verordnung (siehe Pkt. 5.3. Hygieneanforderungen). Die Küche wird besonders von älteren Frauen gerne genutzt und soll so gestaltet sein, dass es innerhalb der Tagespflege der zentrale Aufenthalts- und

Kommunikationsort wird. Die Küche soll dabei besonders für demenziell erkrankte Gäste Vertrautheit und Geborgenheit vermitteln.

» **Pflegebad**

Das Pflegebad muss mindestens mit einer bodengleichen Dusche ausgestattet werden. Eine Badewanne wird in den meisten Bundesländern und Regionen nicht mehr vorgeschrieben und ist auch nicht notwendig. Zusätzlich zur Dusche kann im Pflegebad ein behindertengerechtes WC für Rollstuhlfahrer untergebracht werden. Inwieweit zusätzliche Räumlichkeiten für Wäsche (Rein/Unrein) und eine Fäkalienspüle notwendig ist, bestimmt die Heimaufsicht bzw. das zuständige Bauamt.

» **WC-Anlage**

Vorgeschrieben sind in den meisten Bundesländern mindestens drei Toiletten. Ein WC für Personal (entsprechend der ArbStättV – siehe Pkt. 6.2. Raumprogramm), ein behindertengerechtes und normales WC.

Tagespflegeeinrichtungen mit 16 und mehr Plätzen benötigen mindestens vier Toiletten (Gäste-WC Damen und Herren, behindertengerechtes WC und Personaltoilette). Gerade nach den Mahlzeiten benötigen fast alle Gäste gleichzeitig eine Toilette.

» **Diensträume**

Es sollte mindestens ein Büro vorhanden sein, das auch als Besprechungszimmer und/oder Personalraum genutzt wird. Der Dienstraum sollte ausreichend groß sein, um alle notwendigen Unterlagen unterzubringen und über zusätzlichen Platz für eine weitere Mitarbeiterin verfügen.

» **Behandlungsraum**

Ratsam ist die Einrichtung eines separaten Behandlungsraumes für individuelle Pflegemaßnahmen, wie z. B. Katheterwechsel, einzeltherapeutische Maßnahmen, Arztbesuche und zur Aufbewahrung von Medikamenten und Pflegehilfsmitteln. Der Raum sollte über ein Waschbecken verfügen.

» **Abstellraum**

Es müssen genügend Schränke bzw. Abstellflächen für Privatsachen der Gäste vorhanden sein. Auch sollte an genügend Stellfläche für Hilfsmittel, Rollstühle, Decken usw. gedacht werden. Nicht zu vergessen sind Stellflächen für Lebensmittel und/oder Wäsche.

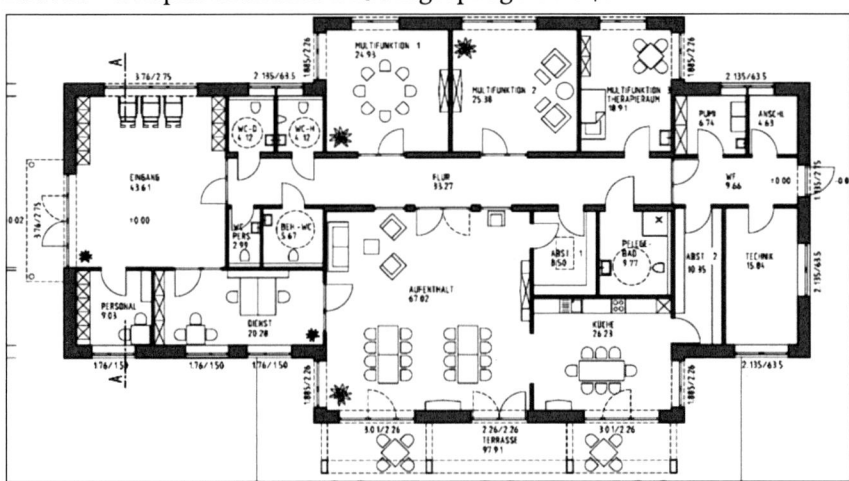

Abb. 16 – Beispiel Grundriss DRK-Tagespflege Oerel/Bremervörde

Quelle: Architektin Ulrike Buttkus, Bremervörde; www.hellwege-buttkus.de

Abb. 17 – Beispiel Raumprogramm Tagespflege 18 Plätze Bremervörde

Räumlichkeiten	Quadratmeter	Gesamt qm	Anmerkung
Eingangsbereich	43,61	43,61	
Personalraum	9,03	9,03	
WC – Damen	4,12		
WC – Herren	4,12		
WC – Personal	2,99		
Behinderten-WC	5,67		
Gesamt – WC		16,9	
Multifunktionsraum 1	24,93		
Multifunktionsraum 2	25,28		
Multifunktionsraum 3	18,91		

Räumlichkeiten	Quadratmeter	Gesamt qm	Anmerkung
Ruhe-/Multifunktionsräume gesamt		87,02	
Aufenthaltsraum	67,02	67,02	
Küche	26,23	26,23	
Abstellraum 1	8,50		
Abstellraum 2	10,35		
Aufenthaltsräume gesamt		18,85	
Pflegebad	9,77	9,77	
Flur	33,27	33,27	
Terrasse	97,91	50 % = 48,96	
Gesamtfläche		360,66	

Prinzipiell sollten die Räumlichkeiten der Tagespflege nicht zu knapp geplant werden. Dies ist besonders hinsichtlich zusätzlicher Leistungserweiterungen oder einer späteren Erhöhung der Platzzahl sinnvoll!

7 Personalanforderungen

7.1 Leitende Pflegefachkraft

Der erfolgreiche Betrieb einer Tagespflege ist wesentlich abhängig von der leitenden Pflegefachkraft. Seit 2008 ist es zwingend erforderlich, eine leitende Pflegefachkraft einzustellen.

Auszug SGB XI Sozialgesetzbuch

§ 71 SGB XI Pflegeeinrichtungen
(1) Ambulante Pflegeeinrichtungen (Pflegedienste) im Sinne dieses Buches sind selbständig wirtschaftende Einrichtungen, die unter ständiger Verantwortung einer ausgebildeten Pflegefachkraft Pflegebedürftige in ihrer Wohnung pflegen und hauswirtschaftlich versorgen.
(2) Stationäre Pflegeeinrichtungen (Pflegeheime) im Sinne dieses Buches sind selbständig wirtschaftende Einrichtungen, in denen Pflegebedürftige:
  1. unter ständiger Verantwortung einer ausgebildeten Pflegefachkraft gepflegt werden,
  2. ganztägig (vollstationär) oder tagsüber oder nachts (teilstationär) untergebracht und verpflegt werden können.
(3) Für die Anerkennung als verantwortliche Pflegefachkraft im Sinne von Absatz 1 und 2 ist neben dem Abschluss einer Ausbildung als
  1. Gesundheits- und Krankenpflegerin oder Gesundheits- und Krankenpfleger,
  2. Gesundheits- und Kinderkrankenpflegerin oder Gesundheits- und Kinderkrankenpfleger oder
  3. Altenpflegerin oder Altenpfleger eine praktische Berufserfahrung in dem erlernten Ausbildungsberuf von zwei Jahren innerhalb der letzten acht Jahre erforderlich. Bei ambulanten Pflegeeinrichtungen, die überwiegend behinderte Menschen pflegen und betreuen, gelten auch nach Landesrecht ausgebildete Heilerziehungspflegerinnen und Heilerziehungspfleger sowie Heilerzieherinnen und Heilerzieher mit einer praktischen Berufserfahrung von zwei Jahren innerhalb der letzten acht Jahre als ausgebildete Pflegefachkraft. Die Rahmenfrist nach Satz 1 oder 2 beginnt acht Jahre vor dem Tag, zu dem die verantwortliche Pflegefachkraft im Sinne des Absatzes 1 oder 2 bestellt werden soll. Für die Anerkennung als verantwortliche Pflegefachkraft ist ferner Voraussetzung, dass eine Weiterbildungsmaßnahme für leitende Funktionen mit einer Mindeststundenzahl, die 460 Stunden nicht unterschreiten soll, erfolgreich durchgeführt wurde.

(4) Stationäre Einrichtungen, in denen die Leistungen zur medizinischen Vorsorge, zur medizinischen Rehabilitation, zur Teilhabe am Arbeitsleben oder am Leben in der Gemeinschaft, die schulische Ausbildung oder die Erziehung kranker oder behinderter Menschen im Vordergrund des Zweckes der Einrichtung stehen, sowie Krankenhäuser sind keine Pflegeeinrichtungen im Sinne des Absatzes 2.

Der Fachkräftemangel macht sich auch im Bereich der Tagespflege bemerkbar. Mit Zunahme der Tagespflegeeinrichtungen wird es immer schwieriger, qualifizierte Leitungskräfte zu finden. Nicht jede Pflegedienstleitung ist für die Führungsaufgaben in der Tagespflege geeignet. Da keine spezielle Ausbildung für Leitungskräfte in Tagespflegeeinrichtungen angeboten wird, können Altenhilfeträger nur auf erfahrene Leitungskräfte aus dem vollstationären oder ambulanten Bereich zurückgreifen. Das Problem ist, dass die wenigsten Fachkräfte mit einer Zusatzqualifikation zur Leitungskraft über Erfahrungen in der Tagespflege verfügen. Da die Strukturen einer Tagespflege immer mehr denen einer vollstationären Pflege gleichen, bietet es sich an, Leitungskräfte mit den entsprechenden Erfahrungen aus dem vollstationären Bereich zu übernehmen. Ein weiteres Problem ist die Vergütung. Leitungskräfte in der Tagespflege werden selten als Vollzeitkräfte eingestellt und verdienen entsprechen weniger als in der vollstationären oder ambulanten Pflege. Des Weiteren ist das Aufgabenspektrum der Leitungskraft in der Tagespflege umfassender.

Wesentliche Aufgaben einer Leitungskraft in einer Tagespflegeeinrichtung
- » Durchführung und Überwachung pflegerischer Tätigkeiten,
- » Beratung von Angehörigen,
- » Aufbau von Netzwerken und Kooperationen,
- » Zuständigkeit für die Öffentlichkeitsarbeit,
- » Durchführung und Überwachung der Behandlungspflege,
- » Planung, Durchführung und/oder Delegation von therapeutischen Einzelmaßnahmen,
- » Kontaktaufnahme zu medizinischen/therapeutischen Diensten wie Hausarzt, Krankengymnastik usw.,
- » Dokumentation (Anfertigung einer Pflegedokumentation bei der Aufnahme von Gästen, regelmäßiges Führen von Pflegeberichten, Therapieverläufen, Pflegeplanung),

- » Personalführung (Ansprechpartner für die Mitarbeiter bei pflegerischen und organisatorischen Angelegenheiten),
- » Durchführung regelmäßiger Teambesprechungen,
- » Delegation und Anweisung aller Mitarbeiter in der Tagespflege,
- » Anleitung von Praktikanten,
- » Tages- und Wochenplanung (Beschäftigungs- und Freizeitangebote),
- » Tourenplanung,
- » Organisation und Durchführung von z. B. Festen und Ausflügen.

Der Stellenanteil einer leitenden Pflegefachkraft ist abhängig von der Platzzahl der Tagespflegeeinrichtung und wird individuell mit den Kostenträgern verhandelt. D.h. in einer Tagespflegeeinrichtung mit 12 Plätzen beträgt der Stellenanteil zwischen 0,25 bis 0,5 VZK. Nur in größeren Einrichtungen mit mehr als 20 Plätzen ist es bei gutem Verhandlungsgeschick möglich, einen Stellenanteil von 1,0 VZK zu erreichen.

Bei der Projektentwicklung einer Tagespflege sollte schon in der Planungsphase eine erfahrene Leitungskraft eingestellt werden!

7.2 Personalanforderungen Tagespflege

Neben der leitenden Pflegefachkraft benötigt die Tagespflege weitere Mitarbeiter. Anders als im vollstationären Pflegebereich gilt die Personalmindestverordnung nur in Teilen bzw. ist für die Tagespflege nicht relevant. Mit Ausnahme des Landes Baden-Württemberg gibt es keine verbindlichen Personalrichtlinien, sondern nur Empfehlungen.

Allgemein gelten folgende Empfehlungen:

Pflege und Betreuung
Personalschlüssel je nach Pflegestufe von 1 : 6 Pflegestufe 1, 1 : 5 Pflegestufe 2 und 1: 4 Pflegestufe 3. Zur einfacheren Berechnung und Kalkulation wird in den überwiegenden Bundesländern der Personalschlüssel 1: 5 akzeptiert. Grundvoraussetzung: Es muss sich immer eine Fachkraft in der Einrichtung befinden. Bei entsprechender Begründung kann auch ein geringerer Personalschlüssel mit den Kostenträgern individuell verhandelt werden.

Weitere Personalanforderungen:

Hauswirtschaft:	0,50 bis 0,75 VZK
Leitung/Verwaltung:	0,25 bis 0,30 VZK
Technischer Dienst	
(Fahrer, Reinigung)	Verhandlungssache

Ausnahme Personalanforderungen in Baden-Württemberg:
Auszug:
Rahmenvertrag für teilstationäre Pflege gemäß § 75 Absatz 1 SGB XI für das Land Baden-Württemberg vom 14. Oktober 1997 geändert durch Beschluss der „Großen Runde" vom 08.07.2003, 14.02.2012 und 09.01.2014

§ 17 Sicherstellung der Leistungen, Qualifikation des Personals

(2) Gemäß § 75 Abs. 3 SGB XI werden folgende Personalrichtwerte für Pflege und Betreuung in Tagespflegeeinrichtungen mit Versorgungsvertrag unabhängig von der Platzzahl in Form folgender Bandbreiten vereinbart. Die Einrichtungen haben einen Rechtsanspruch, bis zur Obergrenze der Bandbreiten ohne besondere Begründung einrichtungsindividuell einen Personalschlüssel zu vereinbaren:

Pflegestufe I: 1 : 5,56 bis 1 : 4,56
Pflegestufe II: 1 : 4,63 bis 1 : 3,80
Pflegestufe III: 1 : 3,97 bis 1 : 3,26

Diese Personalschlüssel sind auf der Grundlage einer 8,5-stündigen Öffnungszeit gerechnet. Weicht die Öffnungszeit hiervon ab, werden die Personalschlüssel prozentual angepasst. Die Regelung in § 11 Abs. 1 Satz 5 bleibt hiervon unberührt.

(3) Für die Betreuung von Demenzkranken in Tagespflegeeinrichtungen im Sinne der Anlage 1 finden die dort genannten Regelungen Anwendung. Dabei gelten folgende Personalrichtwerte/Personalanhaltszahlen:

Pflegestufe I: 1 : 3,46
Pflegestufe II: 1 : 2,89
Pflegestufe III: 1 : 2,48

Diese Personalschlüssel sind auf der Grundlage einer 8,5-stündigen Öffnungszeit gerechnet. Weicht die Öffnungszeit hiervon ab, werden die Personalschlüssel prozentual angepasst. Die Regelung in § 11 Abs. 1 Satz 5 bleibt hiervon unberührt.

(4) Für den Hauswirtschaftsbereich in Tagespflegeeinrichtungen wird folgender Personalrichtwert festgelegt:
Bis zu 1 : 50, unabhängig von den Pflegestufen.

Die Einrichtungen haben das Recht, den Personalrichtwert von bis zu 1 : 50 ohne besondere Begründung einrichtungsindividuell als Personalschlüssel zu vereinbaren. Bei fremdvergebenen Leistungen oder der Leistungserbringung durch zentrale Dienste des Trägers sind entsprechende Personalmengenanteile anzurechnen.

(5) Für Leitung und Verwaltung in Tagespflegeeinrichtungen wird folgender Personalrichtwert festgelegt:
Bis zu 1 : 40, unabhängig von den Pflegestufen.
Die Einrichtungen haben das Recht, den Personalrichtwert von bis zu 1 : 40 ohne besondere Begründung einrichtungsindividuell als Personalschlüssel zu vereinbaren. Bei fremdvergebenen Leistungen oder der Leistungserbringung durch zentrale Dienste des Trägers sind entsprechende Personalmengenanteile anzurechnen.

8 Beförderung

Zur Betreuung in der Tagespflege gehört lt. PflegeVG § 41 SGB XI und der MuG[20] für Tagespflege auch die notwendige Beförderung der Gäste in die Einrichtung und zurück.

Auszug:
Maßstäbe und Grundsätze für die Qualität und die Qualitätssicherung sowie für die Entwicklung eines einrichtungsinternen Qualitätsmanagements nach § 113 des Elften Buches Sozialgesetzbuch (SGB XI) in der teilstationären Pflege (Tagespflege) vom 10. Dezember

2 Strukturqualität
2.1.4 Beförderung
„Tagespflegeeinrichtungen haben im Rahmen ihres Leistungsangebots auch die notwendige und angemessene Beförderung des Pflegebedürftigen von der Wohnung zur Tagespflegeeinrichtung und zurück sicherzustellen, soweit sie nicht von Angehörigen durchgeführt werden kann."

Die angemessene Beförderung kann sowohl durch einen eigenen wie auch einen externen Fahrdienst sichergestellt werden. Beide Möglichkeiten haben Vor- und Nachteile.

Einrichtungen im Verbund mit stationären Pflegeeinrichtungen haben meistens einen eigenen Fahrdienst, der auch für andere Aktivitäten der Gesamteinrichtung genutzt wird. Für Tagespflegeeinrichtungen im Verbund mit ambulanten Pflegediensten ist die Beförderung anfangs ein sehr großes Problem und für Solitäreinrichtungen ist die Anschaffung eines eigenen Fahrdienstes oftmals ein „finanzieller Kraftakt". Für eine Tagespflegeeinrichtung ist ein eigener Fahrdienst oftmals nicht wirtschaftlich, der zeitliche wie personelle Aufwand zu groß. Neben den hohen Anschaffungskosten für ein Fahrzeug kommen zusätzlich die Wartungskosten und Ausfallzeiten des Fahrzeugs. Um die Fahrzeugkosten möglichst gering zu halten, sollten eigene Fahrzeuge optimal ausgenutzt werden. Es bietet sich an, dass Tagespflegeeinrichtungen beispielsweise zusätzliche Fahrdienste für Patienten des ambulanten Dienstes oder der Tagespflege als haushaltsnahe Dienstleistungen anbieten.

Kleine Einrichtungen sollten mit externen Fahrdiensten eine Kooperation eingehen. Externe Fahrdienste können je nach Angebot Behindertentransporte, Busunternehmen oder Taxiunternehmen sein. Häufig empfiehlt sich

---

20 „Maßstäbe und Grundsätze für die Qualität und die Qualitätssicherung sowie für die Entwicklung eines einrichtungsinternen Qualitätsmanagements nach § 113 SGB XI in der teilstationären Pflege (Tagespflege)" (MuG teilstationär).

eine Zusammenarbeit mit Taxiunternehmen. In Gemeinden und kleinen Städten übernehmen Taxiunternehmen kostengünstige Fahrten von Behinderten und Dialysepatienten. Die Fahrer verfügen über genügend Erfahrungen im Umgang mit hilfebedürftigen Menschen. Auch sind die Kosten wesentlich geringer als z. B. bei Kooperationen mit Behindertenfahrdiensten oder Busunternehmen.

Jede Tagespflege benötigt mindestens zwei Fahrzeuge. Größere Einrichtungen mit mehr als 18 Plätzen bei voller Auslastung drei oder sogar vier Fahrzeuge. Der Standort der Tagespflege ist davon unabhängig. Tagespflegeeinrichtungen auf dem Lande haben ein größeres Einzugsgebiet, Einrichtungen in der Stadt haben häufig längere Wegezeiten. Damit alle Gäste möglichst pünktlich zur Eröffnung anwesend sind, werden schon von Beginn an zwei Fahrzeuge benötigt.

8.1 Fahrzeuge/Fahrer

Zur Beförderung der Gäste werden 7-sitzige Busse benötigt.

Mindestausstattungsmerkmale:
- » Motor: Diesel,
- » Einzelsitze auf Schienen zum Verstellen und ggfs. Transport von Rollstühlen,
- » Schiebetüren,
- » Klimaautomatik (möglichst vorne und hinten),
- » abgedunkelte Scheiben (Schutz gegen Sonneneinstrahlung),
- » ausreichend großer Kofferraum für Rollatoren,
- » Trittbrett für den Ein- und Ausstieg,
- » Haltegriffe im Türbereich zum Festhalten beim Ein- und Ausstieg.

Tagespflegeeinrichtungen mit einer größeren Platzzahl benötigen mindestens ein Fahrzeug für den Behindertentransport. D.h. Die Fahrzeuge benötigen zusätzlich eine elektrische oder mobile Rampe.

Die Anschaffungskosten pro Fahrzeug betragen je nach Fabrikat und Ausstattung 25.000 bis 40.0000 €. Als Alternative zum Kauf bietet es sich an, ein Fahrzeug zu leasen (Kilometerleasing).

Durchschnittliche Kosten je nach Fabrikat und Ausstattung (Stand 2014):
Laufzeit 4 Jahre, pro Jahr 40.000 km, ca. 420 bis 480,00 € brutto mtl.
Laufzeit 3 Jahre, pro Jahr 40.000 km, ca. 590 bis 630 € brutto mtl.

Bei vollausgestatteten behindertengerechten Fahrzeugen mit einer hydraulischen Rampe muss mit monatlichen Kosten in Höhe von 600 bis 650 € brutto gerechnet werden (4 Jahre Laufzeit, 40 TSD km pro Jahr).

Als Alternative bietet es sich an, ein Fahrzeug zu leasen, das zu einem festen Kaufpreis nach Beendigung der Leasingzeit gekauft werden kann. Je nach Zustand des Fahrzeugs und Laufleistung kann nach Beendigung entschieden werden, ob das Fahrzeug übernommen wird.

Überlegenswert ist auch, ob ein Fahrzeug mit den Mindestausstattungsmerkmalen geleast wird und der Umbau zu einen behindertengerechten Fahrzeug von einer Fachwerkstatt durchgeführt wird. Die Kosten für die Umbaumaßnahmen betragen durchschnittlich 7500 €.

Die Mitarbeiter, die für den Transport der Gäste zuständig sind, müssen kontinuierlich im Umgang mit pflegebedürftigen, teilweise nicht mobilen Gästen geschult werden (Transferschulung). Offiziell benötigen alle Fahrer einen Personenbeförderungsschein. Die Beförderung der Tagespflegegäste unterliegt dem Personenbeförderungsgesetz (PBefG), da es sich hierbei um eine entgeltliche Beförderung im Sinne des § 1 Abs. 1 PBefG handelt.

Die Voraussetzungen für die Zulassung eines Personenbeförderungsscheins sind gemäß § 13 PBefG:

» persönliche Zuverlässigkeit des Antragstellers,
» finanzielle Leistungsfähigkeit des Betriebes,
» fachliche Eignung des Unternehmers bzw. Fahrdienstleiters.

Nähere Regelungen hierzu finden sich in der Berufszugangsverordnung für den Straßenpersonenverkehr (PBZugV).

Obwohl es sich hierbei um ein bundesweites Gesetz handelt, wird die Umsetzung der Behörden in den Kommunen sehr unterschiedlich gehandhabt.

8.2 Problem Fahrdienst

Die notwendige Beförderung der Tagespflegegäste ist ein nicht zu unterschätzendes Problem. Schon in der frühen Phase der Planung einer Tagespflege sollten Betreiber sich mit der Problematik des Fahrdienstes auseinandersetzen.

Problem 1 – Fahrtkosten

Die tatsächlichen Kosten für den Fahrdienst lassen sich in den meisten Regionen über die Erstattung der Fahrtkosten nicht amortisieren. Je nach Bundesland und Region unterscheiden sich die Fahrtkosten erheblich.

Abb. 18 – Beispiel Auswahl Fahrtkosten (Stand Jan. 2015)

Bundesland	Durchschnittliche Erstattung pro Gast und Tag	Anmerkung
Baden-Württemberg	3,00 bis 9,00 €	Nach Entfernung, Fahrtkosten gelten für das gesamte Bundesland
Bayern	ca. 6,00 bis 12,00 €	Nach Entfernung
NRW	ca. 7,00 bis 18,00 €	Nach Entfernung, für Rollstuhlfahrer erhöhen sich die Fahrtkosten bis zu 50,00 € pro Tag
Berlin	ca. 18,00 bis 25,00 €	
Hessen	ca. 18,00 €	
Brandenburg	ca. 12,00 €	
Sachsen-Anhalt	ca. 3,00 €	
Sachsen	ca. 9,00 bis 12,00 €	
Schleswig-Holstein	ca. 10,00 bis 12,00 €	
Niedersachsen	ca. 8,00 bis 15,00 €	sehr unterschiedliche Fahrtkosten

Unabhängig davon, dass die Fahrtkosten in den meisten Regionen zu gering sind, können die Fahrtkosten nur bis zu einer gewissen Grenze erhöht werden. Wenn für Rollstuhlfahrer die tatsächlichen Kosten von beispielsweise 50,00 € pro Tag erstattet werden, würde der Tagespflegesatz entsprechend steigen. Es könnte sein, dass die Fahrtkosten höher sind als beispielsweise die Erstattungsbeiträge der Pflegekassen für die pflegebedingten Aufwendungen.

Tatsache ist auf jeden Fall, dass die Fahrtkostenerstattung in den überwiegenden Bundesländern zu gering ist. Die Möglichkeit, den Fahrdienst an externe Anbieter zu vergeben, ist keine echte Alternative. Für Rollstuhlfahrer nehmen Dienstleistungsunternehmen bis 50,00 € täglich.

Problem 2 – Beaufsichtigung Fahrgäste
Jeder Gast muss entsprechend der gesetzlichen Regelung bis zur Wohnungstür begleitet werden, soweit die Begleitung nicht von Angehörigen durchgeführt werden kann. Der Fahrdienst wird in der Praxis von einem Fahrer sichergestellt. Bei der Beförderung des Gastes vom Fahrzeug zur Wohnungstür werden die Gäste im Fahrzeug alleine gelassen.

In keinem Fall darf ein Gast, der auf Hilfe angewiesen ist, sich selbst überlassen werden (strafbare „Aussetzung"). Das gilt auch, wenn z. B. ein demenziell Erkrankter, ständig Betreuungsbedürftiger alleine in der Wohnung zurückgelassen würde. Ein ähnliches Problem besteht, wenn der Fahrer das Fahrzeug verlässt und es befinden sich demenziell Erkrankte im Fahrzeug. Das Fahrzeug darf nicht abgeschlossen werden, allerdings dürften sich die Pflegebedürftigen auch nicht unbeaufsichtigt im Fahrzeug aufhalten.

Aufgrund der sich verändernden Gästestruktur und der Aufnahme von Schwerstpflegebedürftigen stellt sich die Frage, ob der gesetzlich vorgeschriebene Beförderungsdienst auch zukünftig aufrechtzuerhalten ist. Zwangsläufig stellt sich die Frage, welche Gäste können in einer Tagespflege überhaupt aufgenommen werden? Wo ist die Grenze?

9 Vergütungszuschläge für zusätzliche Betreuung und Aktivierung in stationären Pflegeeinrichtungen (§ 87b SGB XI)

Mit dem Inkrafttreten des Pflege-Weiterentwicklungsgesetzes zum 1. Juli 2008 wurde die gesetzliche Möglichkeit geschaffen, in vollstationären Pflegeeinrichtungen zusätzliche Beschäftigte zur Betreuung demenzerkrankter Bewohner/-innen als sog. Betreuungsassistenten/-innen einzustellen. Mit dem Pflege-Neuausrichtungsgesetz (PNG) handelt es sich nach Vorstellung des Gesetzgebers um eine Verbesserung der Betreuung der betroffenen Tagespflegegäste zusätzlich zur allgemeinen sozialen Betreuung.

Anspruch auf zusätzliche Betreuungsleistungen gemäß § 87b SGB XI hatten ursprünglich Gäste mit eingeschränkter Alltagskompetenz. Diese Leistungen wurden mit dem Pflege-Stärkungsgesetz am 01.01.2015 auf alle Leistungsempfänger der Pflegekassen erweitert. Diese zusätzlichen Betreuungsleistungen werden neben dem Tagessatz zusätzlich von den Pflegekassen finanziert. Die Kosten der Leistungen werden nicht dem Gast belastet. Die Inhalte der zusätzlichen Betreuungsleistungen sind sehr niedrigschwellig.

9.1 Merkmale der zusätzlichen Betreuungsleistungen gemäß § 87b SGB XI

Beispiele der Leistungsinhalte:[21]

» Malen und basteln,

» handwerkliche Arbeiten und leichte Gartenarbeiten,

» Haustiere füttern und pflegen,

» Kochen und backen,

» Anfertigung von Erinnerungsalben oder -ordnern,

» Musik hören, musizieren, singen,

» Brett- und Kartenspiele,

» Spaziergänge und Ausflüge,

» Bewegungsübungen und Tanzen in der Gruppe,

» Besuch von kulturellen Veranstaltungen, Sportveranstaltungen, Gottesdiensten

» und Friedhöfen,

» Lesen und Vorlesen,

» Fotoalben anschauen,

» Gespräche über Alltägliches und ihre Sorgen.

---

21 Vdek: Anlage 1; Anlage zur Vereinbarung über die Vergütungszuschläge nach § 87 b SGB XI

Je nach persönlicher Situation der betreffenden Tagespflegegäste werden die Angebote als Einzel- oder Gruppenmaßnahme angeboten. Die Inanspruchnahme der zusätzlichen Betreuungsassistenz ist von dem Willen und der tagesaktuellen gesundheitlichen Verfassung der Tagespflegegäste abhängig.

9.2 Personelle Voraussetzungen/Finanzierung

Für die Durchführung von zusätzlichen Betreuungsleistungen ist kein „therapeutischer oder pflegerischer Berufsabschluss erforderlich. Allerdings stellt die berufliche Ausübung einer Betreuungstätigkeit in Pflegeheimen auch höhere Anforderungen an die Belastbarkeit der Betreuungskräfte als eine in ihrem zeitlichen Umfang geringere ehrenamtliche Tätigkeit in diesem Bereich.

Deshalb sind folgende Anforderungen an die Qualifikation der Betreuungskräfte nachzuweisen:

» das Orientierungspraktikum,
» die Qualifizierungsmaßnahme",[22]
» regelmäßige Fortbildungen.

(siehe Anlage 6)

Praktisch bedeutet das, dass jede Betreuungskraft (auch Fachkräfte) diese zusätzliche Fortbildungsmaßnahme erbringen und sich jährlich fortbilden muss.

In der überwiegenden Mehrheit der Bundesländer wurden einheitliche Vergütungen für zusätzliche Betreuungsleistungen vereinbart. Je nach Bundesland betragen die Vergütungen pro anwesendem Tagespflegegast pro Tag zwischen 3,65 bis 5,78 €[23]. In Niedersachsen werden die Vergütungen individuell mit Kostenträgern ausgehandelt. Die Vergütungszuschläge betragen 3,85 bis 4,95 €. Diese Sätze beziehen sich auf einen Personalschlüssel von 1 : 24. Mit der Einführung des Pflege-Stärkungsgesetzes und u. a. der Reform des § 87b werden sich die Vergütungszuschläge um ca. 20 % erhöhen.

---

22 Richtlinien nach § 87b Abs. 3 SGB XI zur Qualifikation und zu den Aufgaben von zusätzlichen Betreuungskräften in Pflegeheimen (Betreuungskräfte-Rl vom 19. August 2008)
23 Brandenburg: 4,80 €; Sachsen-Anhalt: 4,27 €; Sachsen: 3,85 €; Baden-Württemberg: 4,08 €; Bayern: ca. 5,00 €; Rheinland-Pfalz: 5,37 €; Saarland: 5,25 €; NRW: 5,78 €

Problem:
Mit der Erhöhung des Personalschlüssels und der Erweiterung des Personenkreises ist es erforderlich, mehr Betreuungskräfte einzustellen. Bei einer Vereinbarung nach § 87b SGB XI muss der Betreiber entsprechend dem Personalschlüssel von 1 : 20 Betreuungskräfte einstellen:

Abb. 19 – Beispiel Personalanteil nach Einrichtungsgröße

Platzzahl	Personalanteil in VZK
12 Plätze	0,6 VZK
18 Plätze	0,9 VZK
20 Plätze	1,0 VZK
24 Plätze	1,2 VZK
30 Plätze	1,5 VZK

Abgerechnet werden können allerdings nur die tatsächlich belegten Tage. Eine Abwesenheitsregelung gibt es nicht. Anders als in der vollstationären Pflege schwankt die Auslastung in der Tagespflege erheblich. Wenn Tagespflegegäste kurzfristig erkranken oder andere wichtige Termine wahrnehmen müssen, fehlen sie in der Tagespflege und es können keine Leistungen nach § 87b abgerechnet werden. Das Risiko der Personalplanung liegt beim Betreiber.

Selbst bei einer voraussichtlichen 20%igen Erhöhung des Vergütungszuschlags für die Erbringung von 87b Leistungen werden die Einrichtungen mit den zusätzlichen Betreuungsleistungen ein Defizit erwirtschaften.

Leistungen entsprechend § 87b können nur bei tatsächlicher Anwesenheit abgerechnet werden!

Beispiel:
Derzeitiger Satz: 4,80 €
Erhöhung 20 % = 5,76 €
Max. Belegung bei einer 100 %-Auslastung einer Tagespflege mit 18 Plätzen:
Pro Jahr = 4518 Tage/pro Monat = 376 Tage

Kalkulierte monatliche Einnahmen:
100 % Auslastung: 5,76 € x 376 Tage = 2165,76 €
85 % Auslastung: 5,76 € x 320 Tage = 1843,20 €
80 % Auslastung: 5,76 € x 301 Tage = 1732,26 €
70 % Auslastung: 5,76 € x 263 Tage = 1514,88 €
50 % Auslastung: 5,76 € x 188 Tage = 1082,88 €

Kosten Betreuungskraft:
Stellenanteil Tagespflege mit 18 Plätzen = 0,9 VZK
Mindeststundenlohn: 9,40 €
9,40 € Std.-Lohn x 151,2 Std./mtl. = 1.421,28 € + 25 % AG-Anteil = 1776,60 €

Ergebnis:
Um nur die Personalkosten finanziert zu bekommen, müsste die Einrichtung monatlich eine Auslastung von 85 % erreichen.

In der Berechnung sind nicht die Sachkosten enthalten. Auch ist es unwahrscheinlich, dass eine Betreuungskraft entsprechend den Qualifikationsrichtlinien für einen Stundensatz von 9,40 € eingestellt werden kann. Schon jetzt erhalten Betreuungskräfte je nach Region durchschnittlich 10,00 € pro Std.

FAZIT

Jeder Betreiber einer Tagespflege sollte sich genau überlegen, ob er eine Vereinbarung gemäß § 87 b SGB XI abschließt! In den meisten Tagespflegeeinrichtungen werden mit den Einnahmen zusätzlicher Betreuungsleistungen die tatsächlichen Personalkosten nicht gedeckt!

10 Schlussbemerkung

Bis vor einigen Jahren war die Tagespflege ein Exot unter den Altenhilfeanbietern. Altenhilfeträger, Politiker und Landesverbände hatten den Erfolg der Tagespflege nicht vorausgesehen. Von einigen hundert Einrichtungen vor 10 Jahren ist die Anzahl auf ca. 6.000 gestiegen. Somit entwickelt sich die Tagespflege zu einem Mitbewerber besonders für die stationäre Pflege. Die positive Entwicklung der Tagespflege führt allerdings dazu, dass es hinsichtlich des Aufbaus und Betriebs einer Tagespflege noch viele ungeklärte Fragen gibt. Die Gesetze und Verordnungen hinken der Praxis hinterher. Es fehlen in den meisten Bundesländern einheitliche Standards in den Bereichen Raumplanung, Hygiene, Personalmindestanforderungen, Regelung für die Beförderung und in vielen Regionen leistungsfähige wirtschaftliche Vergütungen. Solange es keine verbindlichen Regelungen und Verordnungen gibt, kann jede Behörde individuell Entscheidungen treffen, die nicht immer im Interesse der Tagespflege sind. Besonders im Bereich der Bauverordnungen und der Umsetzung von Hygieneverordnungen kann es vorkommen, dass es in jedem Landkreis andere Vorschriften gibt.

Schneller war bisher der Medizinische Dienst. Mit Einführung der Maßstäbe und Grundsätze der Qualitätssicherung nach § 113 SGB XI werden die Tagespflegeeinrichtungen ähnlich streng wie vollstationäre Pflegeeinrichtungen überprüft. Bleibt nur zu hoffen, dass den Tagespflegeeinrichtungen eine Veröffentlichung der Qualitätsprüfungen erspart bleibt.

Trotz der allgemeinen Kritik ist besonders seit Einführung des Pflege-Stärkungsgesetzes der Aufbau einer Tagespflege wirtschaftlich eine vielversprechende Investition. Der Aufbau mehrerer Tagespflegeeinrichtungen mit ca. 18 Plätzen im Verbund mit ambulanten und/oder stationären Pflegeeinrichtungen und dem Angebot von kleinen barrierefreien Seniorenwohnungen stärkt betriebswirtschaftlich gesehen die Markposition des Unternehmens und trägt zur Sicherung der wohnortnahen Versorgung Pflegebedürftiger bei. Die Tagespflege wird sich in der nächsten Zeit flächendeckend ausweiten und qualitativ weiterentwickeln.

Das Angebot der Tagespflege wird sich nachhaltig auf die Gesamtversorgung der hilfe- und pflegebedürftigen älteren Generation auswirken. Neue Sondereinrichtungen (Schwerpunkteinrichtungen) wie z. B. Tagespflegeeinrichtungen für pflegebedürftige Kinder oder psychisch erkrankte Erwachsene usw. werden entstehen. Bleibt zu hoffen, dass es noch viele interessante Alternativen geben wird, wie z. B. ein vermehrter Ausbau der Kombinationen Tagespflege und „Pflegehotel". Im Rahmen der Erprobungsregelung (Modellprojekt) wäre es interessant, solche Modelle zu entwickeln, ohne dass die Heimmindestbau- oder Personalverordnung der jeweiligen Heimgesetze angewandt werden.

Udo Winter
Dipl. Sozialgerontologe
www.winterplanung.de

Anlagen

Anlage 1: Heimrechtliche Regelung „Betreutes Wohnen"

Bundesland	Gesetz	Regelung
Bremen	Bremische Wohn- und Betreuungsgesetz	**Abgrenzungskriterien:** Es dürfen **nicht mehr als allgemeine Betreuungsleistungen** zur verpflichtenden Abnahme gemacht werden. Hierzu zählen in der Regel die Notrufsicherung, Beratungsleistungen, Vermittlungsdienste. Es müssen alle anderen Leistungen **frei wählbar** sein.
Hamburg	Hamburgisches Wohn- und Betreuungsqualitätsgesetz (HambWBG)	**Abgrenzungskriterien:** Es dürfen **nicht mehr als allgemeine Betreuungsleistungen** zur verpflichtenden Abnahme gemacht werden. Hierzu zählen in der Regel die Notrufsicherung, Beratungsleistungen, Vermittlungsdienste. Es müssen alle anderen Leistungen **frei wählbar** sein.
Niedersachsen	Niedersächsisches Heimgesetz (NHeimG) – Weiterentwicklung voraussichtlich 2015	**Abgrenzungskriterien:** Es dürfen **nicht mehr als allgemeine Betreuungsleistungen** zur verpflichtenden Abnahme gemacht werden. Hierzu zählen in der Regel die Notrufsicherung, geringe Beratungsleistungen, Vermittlungsdienste. Es müssen alle anderen Leistungen **frei wählbar** sein.
Nordrhein-Westfalen	Wohn-Teilhabe Gesetz (WTG) – siehe DurchführungsVO	**Abgrenzungskriterien:** Es dürfen **nicht mehr als allgemeine Betreuungsleistungen** zur verpflichtenden Abnahme gemacht werden. Hierzu zählen in der Regel die Notrufsicherung, geringe Beratungsleistungen (25 % der Wohnraummiete), Vermittlungsdienste. Es müssen alle anderen Leistungen **frei wählbar** sein.
Saarland	Saarländisches Gesetz zur Sicherung der Wohn-, Betreuungs- und Pflegequalität für ältere Menschen sowie pflegebedürftige und behinderte Volljährige (Landesheimgesetz Saarland-LHeimGS)	**Abgrenzungskriterien:** Es dürfen **nicht mehr als allgemeine Betreuungsleistungen** zur verpflichtenden Abnahme gemacht werden. Hierzu zählen in der Regel die Notrufsicherung, geringe Beratungsleistungen, Vermittlungsdienste. Es müssen alle anderen Leistungen **frei wählbar** sein.

Sachsen	Sächsisches Betreuungs- und Wohnqualitätsgesetz (SächsBeWoG)	Es dürfen **nicht mehr als allgemeine Betreuungsleistungen** zur verpflichtenden Abnahme gemacht werden. Hierzu zählen in der Regel die Notrufsicherung, Beratungsleistungen, Vermittlungsdienste, Leistungen der hauswirtschaftlichen Versorgung. Es müssen alle anderen Leistungen **frei wählbar** sein.
Schleswig-Holstein	Gesetz zur Stärkung von Selbstbestimmung und Schutz von Menschen mit Pflegebedarf oder Behinderung (Selbstbestimmungsstärkungsgesetz)	**Abgrenzungskriterien:** Es dürfen **nicht mehr als allgemeine Betreuungsleistungen** zur verpflichtenden Abnahme gemacht werden. Hierzu zählen in der Regel die Notrufsicherung, Beratungsleistungen, Vermittlungsdienste. Es müssen alle anderen Leistungen **frei wählbar** sein.
Thüringen	Thüringer Gesetz über betreute Wohnformen und Teilhabe (Thüringer Wohn- und Teilhabegesetz-ThürWTG)	**Abgrenzungskriterien:** Es dürfen **nicht mehr als allgemeine Betreuungsleistungen** zur verpflichtenden Abnahme gemacht werden. Hierzu zählen in der Regel die Notrufsicherung, geringe Beratungsleistungen, Vermittlungsdienste. Es müssen alle anderen Leistungen **frei wählbar** sein.

Anlage 2: Musterheimvertrag

Vertrag für
Tagespflegeeinrichtungen

Zwischen dem .... (Träger)

_____
vollständiger Name des Einrichtungsträgers

_____
Anschrift des Einrichtungsträgers

_____
vertreten durch

_____
Name des Vertreters (z. B. Einrichtungsleiter)

– im Folgenden „Einrichtungsträger" genannt –

und

2. Herrn / Frau

_____
Zuname, Vorname des Tagespflegegasts

wohnhaft in _____
Anschrift des Tagespflegegasts

vertreten durch den Bevollmächtigten/Betreuer

_____
Name, Anschrift des Bevollmächtigten/Betreuers

– im Folgenden „Tagespflegegast" genannt –

wird mit Wirkung zum .... folgender Tagespflegevertrag geschlossen:

§ 1 Gegenstand des Vertrages

(1) Ziel der Tagespflege ist es, die Erhaltung oder Wiedergewinnung einer möglichst selbstständigen Lebensführung zu fördern. Dabei wird die individuelle Lebenssituation und Biographie des Tagespflegegastes berücksichtigt und flexibel auf die Notwendigkeiten des Einzelfalles reagiert. Durch aktivierende Pflege soll zur Aufrechterhaltung der häuslichen Pflege beigetragen und die pflegenden Angehörigen gleichzeitig entlastet werden. Der Einrichtungsträger und seine Mitarbeiter sowie der Tagespflegegast werden sich auf der Grundlage der Partnerschaft um ein gutes Zusammenleben aller Bewohner und Tagesgäste im Geiste gegenseitiger Rücksichtnahme und friedlicher Nachbarschaft bemühen.

(2) Pflegebedürftige Menschen, die das Angebot einer Tagespflegeeinrichtung nutzen, haben weiterhin ihren selbstbestimmten Lebensmittelpunkt in ihrer eigenen Häuslichkeit. Die Tagespflege ergänzt und unterstützt die häusliche Pflege. Die Tagespflege zielt auf die soziale Betreuung und die Tagesstrukturierung, auf die im Rahmen des Aufenthaltes in der Einrichtung erforderlichen pflegerischen Maßnahmen sowie die Leistungen der hauswirtschaftlichen Versorgung ab. Dies schränkt insofern die Einwirkungsmöglichkeiten und deren Wirksamkeit ein.

(3) Die Einrichtung wird im Rahmen des Heimrechts sowie der gesetzlichen Pflegeversicherung die Tagespflegegäste in ihren persönlichen und sozialen Angelegenheiten beraten und betreuen und sie unter Wahrung ihrer Selbstständigkeit und Achtung ihrer Persönlichkeit versorgen und pflegen. Der Tagespflegegast wird die Bemühungen des Trägers soweit möglich unterstützen.

(4) Art, Inhalt und Umfang der Leistungen ergeben gemäß § 3 Wohn- und Betreuungsvertragsgesetz (WBVG) vor Vertragsschluss übergebenen Informationen, die die Grundlage dieses Vertrages sind sowie den nachfolgenden Regelungen und Anlagen. Die jeweils geltenden Regelungen des Landesrahmenvertrages gem. § 75 Abs. 1 Elftes Buch des Sozialgesetzbuches (SGB XI) für die teilstationäre Pflege im Land Niedersachsen, die Vergütungsvereinbarung mit den Leistungs- und Qualitätsmerkmalen nach § 84 SGB XI sowie der Leistungsvereinbarung nach § 75 Abs. 2 SGB XII sind ebenfalls Gegenstand dieses Vertrages. Diese können jederzeit in der Einrichtung eingesehen oder auf Wunsch in Kopie ausgehändigt werden. Die rahmenvertraglichen Regelungen sowie die Regelungen der vorliegend bezeichneten weiteren, mit den Kostenträgern getroffenen, Vereinbarungen gelten nicht nur für Tagespflegegäste, die Leistungen der gesetzlichen Pflegeversicherung beziehen, sondern entsprechend auch

für Tagespflegegäste der sogenannten Pflegestufe 0, also mit einem Pflegebedarf unterhalb der Pflegestufe 1, privat versicherte und unversicherte Tagespflegegäste.

§ 2 Besuchstage
(1) Der Tagespflegegast wird die Angebote des Einrichtungsträgers an folgenden Tagen regelmäßig in Anspruch nehmen:
☐ Montag ☐ Dienstag ☐ Mittwoch ☐ Donnerstag ☐ Freitag

(2) Der Einrichtungsträger erbringt an den vereinbarten Besuchstagen eine kontinuierliche Betreuung zwischen .... Uhr und .... Uhr. Außerhalb dieser vereinbarten Zeiten kann der Einrichtungsträger keinerlei Haftung für die Betreuung des Tagespflegegastes übernehmen. An gesetzlichen und regionalen Feiertagen bleibt die Einrichtung geschlossen, soweit keine Ausnahmen vereinbart werden.

§ 3 Leistungen des Einrichtungsträgers
Der Einrichtungsträger stellt dem Tagespflegegast entsprechend den Vereinbarungen dieses Vertrages zur Verfügung:
» Raumangebot (§ 4 dieses Vertrages),
» Leistungen der Hauswirtschaft (§ 5 dieses Vertrages),
» Verpflegung (§ 6 dieses Vertrages),
» Leistungen der Verwaltung (§ 7 dieses Vertrages),
» Leistungen der Haustechnik (§ 8 dieses Vertrages),
» Hol- und Bringdienste (§ 9 dieses Vertrages)
» Allgemeine Pflegeleistungen (§ 10 dieses Vertrages),
» Behandlungspflege (§ 11 dieses Vertrages),
» Leistungen der soziale Betreuung (§ 12 dieses Vertrages).

§ 4 Raumangebot
(1) Der Träger bietet dem Tagespflegegast Räume zur Begegnung und Teilnahme am Gemeinschaftsleben des Hauses zur Mitbenutzung an. Dem Tagespflegegast steht ein Ruheraum sowie ein Raum zur Erbringung von Heilmitteln durch externe Dienstleister (z. B. Logopäden, Ergotherapeuten) zur Mitbenutzung zur Verfügung. Die Leistungen externer Heilmittelerbringer gehören nicht zu den Leistungen des Einrichtungsträgers.

(2) Die Versorgung der Räumlichkeiten mit Wasser und Energie sowie die Entsorgung von Abwasser und Abfall gehört zu den Regelleistungen der Einrichtung.

§ 5 Leistungen der Hauswirtschaft
(1) Die Reinigung der Räume (Sichtreinigung, Unterhaltsreinigung, Grundreinigung) erfolgt durch den Einrichtungsträger.

(2) Der Einrichtungsträger erbringt die Reinigung und Instandhaltung der von der Einrichtung zur Verfügung gestellten Wäsche.

§ 6 Verpflegung
(1) Der Einrichtungsträger stellt eine abwechslungsreiche, dem ernährungswissenschaftlichen Erkenntnisstand entsprechende Verpflegung zur Verfügung.

(2) Die Mahlzeiten werden grundsätzlich in den dafür vorgesehenen Räumen serviert.

§ 7 Leistungen der Verwaltung
(1) Der Einrichtungsträger stellt als Regelleistungen auf Wunsch des Tagespflegegasts Hilfen in persönlichen Angelegenheiten zur Verfügung, insbesondere durch
- » Information und Beratung zur Nutzung der Tagespflege,
- » Beratung beim Schrift- und Behördenverkehr,
- » Hinweis auf Möglichkeiten der Rechts- und Sozialberatung,
- » Vermittlung seelsorgerischer Betreuung.

(2) Die Mitarbeiter der Verwaltung beraten den Tagespflegegast und die Angehörigen in Fragen der Aufnahme, der Kostenabrechnung und im Umgang mit Kranken- und Pflegekassen und Behörden.

§ 8 Leistungen der Haustechnik
Die Wartung und Unterhaltung der Gebäude, Einrichtung und Ausstattung, technische Anlagen und Außenanlagen gehört zu den Regelleistungen des Einrichtungsträgers.

§ 9 Hol- und Bringdienste
(1) Der Einrichtungsträger stellt die notwendige und angemessene Beförderung des Pflegegastes von der Haustür zur Einrichtung der Tagespflege und zurück organisatorisch sicher, soweit diese nicht von Angehörigen durchgeführt wird.

(2) Wird die Durchführung der Hol- und Bringdienste durch den Einrichtungsträger vom Tagespflegegast gewünscht, fallen hierfür ggf. zusätzliche Entgelte an. Auf § 14 Abs. 2 e) des Vertrages wird hingewiesen.

§ 10 Allgemeine Pflegeleistungen
(1) Der Tagespflegegast erhält die nach Art und Schwere seiner Pflegebedürftigkeit erforderlichen Pflegeleistungen im Bereich der
» Körperpflege,
» Ernährung und
» Mobilität.
Begleitungen außerhalb der Tagespflegeeinrichtung (z. B. zu Arzt- und Behördenbesuchen) gehören nicht zu den geschuldeten Leistungen der Einrichtung.

(2) Die Leistungen der Pflege werden nach dem allgemeinen Stand der pflegewissenschaftlichen Erkenntnisse erbracht.

§ 11 Behandlungspflege
(1) Der Einrichtungsträger unterstützt auf Wunsch des Tagespflegegasts diesen bei der Ausübung der freien Arztwahl.

(2) Die Leistungen des Einrichtungsträgers umfassen auch die medizinische Behandlungspflege, soweit kein Anspruch auf häusliche Krankenpflege nach § 37 Fünftes Buch des Sozialgesetzbuches (SGB V) besteht.

(3) Die Pflegekräfte der Einrichtung sind nur dann verpflichtet, Maßnahmen der medizinischen Behandlungspflege durchzuführen, wenn folgende Voraussetzungen vorliegen:
» wenn die Behandlungspflege vom behandelnden Arzt veranlasst ist und dokumentiert wird;
» wenn die persönliche Durchführung durch den behandelnden Arzt nicht erforderlich ist;
» wenn dem Mitarbeiter im Einzelfall kein Weigerungsrecht zusteht;
» wenn der Tagespflegegast mit der Durchführung der Maßnahme durch Pflegekräfte der Einrichtung einverstanden ist und im Übrigen in die Maßnahme eingewilligt hat.

§ 12 Leistungen der sozialen Betreuung
(1) Durch Leistungen der sozialen Betreuung soll der Einrichtungsträger für die Pflegebedürftigen einen Lebensraum gestalten, der ihnen die Führung eines selbständigen und selbstbestimmten Lebens ermöglicht sowie zur Teilnahme am Leben in der Gemeinschaft innerhalb der Einrichtung beiträgt. Hilfebedarf bei der persönlichen Lebensführung und bei der Gestaltung des Alltags nach eigenen Vorstellungen soll durch Leistungen der sozialen Betreuung ausgeglichen werden, soweit dies nicht durch das soziale Umfeld (z. B. Angehörige und

Betreuer) geschehen kann. Begleitungen außerhalb der Tagespflegeeinrichtung (z. B. zum Arzt und Behördenbesuchen) gehören nicht zu den geschuldeten Leistungen der Einrichtung.

(2) Ziel ist es insbesondere, Vereinsamung, Apathie, Depressionen und Immobilität zu vermeiden und dadurch einer Verschlimmerung der Pflegebedürftigkeit vorzubeugen beziehungsweise die bestehende Pflegebedürftigkeit zu mindern.

(3) Für Tagespflegegäste mit dauerhaft erheblich eingeschränkter Alltagskompetenz und daraus resultierendem erheblichem Bedarf an allgemeiner Beaufsichtigung und Betreuung nach § 87 b SGB XI bietet die Einrichtung zusätzliche Betreuungsleistungen im Sinne dieser Vorschrift und der jeweils gültigen Richtlinie nach § 87 b SGB XI zur Qualifikation und zu den Aufgaben von zusätzlichen Betreuungskräften in Tagespflegeeinrichtungen an. Gemäß § 87 b Abs. 1 Satz 3 SGB XI weist die Einrichtung ausdrücklich auf diese zusätzlichen Betreuungsleistungen für den dort genannten Personenkreis hin. Der Inhalt des Angebots der Einrichtung bestimmt sich nach Anlage 1. Tagespflegegäste sind berechtigt, dieses Angebot in Anspruch zu nehmen, wenn die Pflegekasse oder das private Versicherungsunternehmen einen erheblichen zusätzlichen Betreuungsbedarf im Sinne des § 45 a SGB XI festgestellt haben. Bei pflegeversicherten Tagespflegegästen steht der Anspruch auf zusätzliche Betreuung zudem unter dem Vorbehalt der Zahlung des Vergütungszuschlages durch die Pflegekasse an die Einrichtung.

§ 13 Ausschluss von Leistungsanpassungen
Die Einrichtung ist nach ihrer konzeptionellen, personellen oder baulichen Ausrichtung nicht darauf eingerichtet, Tagespflegegäste mit bestimmten Krankheitsbildern zu versorgen. Die Pflicht der Einrichtung, eine Anpassung der Leistungen vorzunehmen, wird daher ggf. durch gesonderte Vereinbarung (Anlage 2) in diesem Fall ausgeschlossen.

§ 14 Derzeitiges Entgelt
(1) In Verträgen mit Tagespflegegästen, die Leistungen nach dem SGB XI in Anspruch nehmen bzw. denen Hilfen in Einrichtungen nach dem SGB XII gewährt wird, gilt die aufgrund der Bestimmungen des Siebten und Achten Kapitels des SGB XI bzw. nach dem Zehnten Kapitel des SGB XII festgelegte Höhe des Entgelts als vereinbart und angemessen.

(2) Die für alle Tagespflegegäste nach einheitlichen Grundsätzen zu bemessenden Entgelte auf Grundlage der Pflegesatzvereinbarung und Vergütungsverträge mit den Leistungsträgern belaufen sich derzeit wie folgt:

a. Unterkunft und Verpflegung
   Das Entgelt für Unterkunft beträgt   täglich EUR ....
   Das Entgelt für Verpflegung beträgt   täglich EUR ....
   Gesamtbetrag Unterkunft und Verpflegung: täglich EUR ....

b. Pflegeleistungen und Betreuung
   Das Entgelt für Pflegeleistungen und Betreuung beträgt:
   In Pflegestufe 0 (G, K)   täglich EUR ....
   In Pflegestufe I   täglich EUR ....
   In Pflegestufe II   täglich EUR ....
   In Pflegestufe III   täglich EUR ....
   Härtefall   täglich EUR ....

Für den Fall, dass der Tagespflegegast Leistungen der Pflegeversicherung in Anspruch nimmt, gelten die mit der Pflegeversicherung für die Pflegeklasse vereinbarten Pflegesätze in der jeweils gültigen Höhe als vereinbart. Ist zum Zeitpunkt des Abschlusses des Vertrages noch keine Zuordnung zu einer Pflegestufe nach § 15 SGB XI erfolgt oder erfolgte die Einstufung nur vorläufig, wird vorläufig das Entgelt nach der Pflegestufe/-klasse .... abgerechnet. Nach vorgenommener Einstufung wird das nach § 18 SGB XI festgestellten Pflegestufe/ -klasse entsprechende Entgelt rückwirkend berechnet. Ist zum Zeitpunkt des Abschlusses des Vertrages ein Überprüfungsantrag bezüglich der Pflegestufe bereits gestellt, aber noch nicht beschieden, wird das der nach § 18 SGB XI festgestellten Pflegestufe/-klasse entsprechende Entgelt rückwirkend berechnet.

c. Investitionsaufwendungen
   Dem Einrichtungsträger entstehen bei der Erfüllung seiner Leistungsverpflichtungen Investitionsaufwendungen. Soweit diese Aufwendungen nicht durch öffentliche Förderung gedeckt sind, kann der Einrichtungsträger sie dem Tagespflegegast gesondert berechnen.

   Der vom Tagespflegegast zu übernehmende Investitionsanteil beträgt
                                              täglich EUR ....

   Die Zusammenfassung der Entgelte nach den Ziffern a) bis c) ergibt täglich:
       Unterkunft und Verpflegung   .... EUR
       Pflege und Betreuung   .... EUR
       Investitionskostenaufwendungen   .... EUR
       Gesamtsumme   .... EUR

d. Entgelt für Hol- und Bringdienste durch die Einrichtung
Wird die Durchführung von Hol- und Bringdiensten durch den Einrichtungsträger vom Tagespflegegast gewünscht, so entsteht ein Entgelt pro Einzelfahrt in Höhe von   EUR ....

(3) Der Tagespflegegast kann nur dann das Entgelt kürzen oder mit Forderungen das Entgelt aufrechnen, wenn die Entgeltkürzung oder die Forderung des Tagespflegegasts unbestritten, rechtskräftig festgestellt oder entscheidungsreif ist. Das Recht des Tagespflegegasts, eine Entgeltkürzung oder seine Forderungen gegen die Einrichtung in einem gesonderten Rechtstreit geltend zu machen, bleibt unberührt.

§ 15 Entgeltanpassung
(1) Der Einrichtungsträger kann eine Anpassung des Entgelts verlangen, wenn sich die bisherige Berechnungsgrundlage oder der Pflege- bzw. Betreuungsbedarf verändern.

(2) Im Übrigen gelten die gesetzlichen Bestimmungen, insbesondere §§ 8, 9, 10 WBVG.

§ 16 Ausschlussfrist
Rückzahlungsansprüche des Tagespflegegasts aus einer evtl. unwirksamen Entgelterhöhung sind aus Gründen der Rechtssicherheit spätestens sechs Monate nach dem Zeitpunkt, zu dem der Tagespflegegast das erhöhte Entgelt gezahlt hat, schriftlich geltend zu machen, ansonsten sind sie ausgeschlossen. Der Einrichtungsträger ist verpflichtet, auf die Ausschlussfrist und die Folgen der Fristversäumnis schriftlich hinzuweisen.

§ 17 Zahlung des Entgelts
(1) Schuldner des Entgelts ist grundsätzlich der Tagespflegegast/Betreuer/Angehörige.

(2) Soweit ein öffentlicher Kostenträger (z. B. Sozialhilfeträger, Krankenkasse, Pflegekasse) die Zahlung der vorgenannten Entgelte ganz oder teilweise übernimmt, erfolgt die Abrechnung unmittelbar gegenüber dem Kostenträger. Dieser wird ermächtigt, die Zahlungen unmittelbar an den Einrichtungsträger zu leisten. Der Tagespflegegast erhält eine Abschrift der jeweiligen Abrechnung.

Dem Tagespflegegast wird dringend empfohlen, den örtlichen Sozialhilfeträger umgehend über den Abschluss des Tagespflegevertrages zu informieren, soweit sein Einkommen oder Vermögen nicht ausreicht, die Kosten zu decken. Diese Empfehlung gilt auch für den späteren Fall, dass sich das Entgelt wegen Änderungen des Pflege- und Betreuungsbedarfs oder einer Änderung der Berechnungsgrundlage verändert. Der Sozialhilfeträger leistet keine Hilfe für die Vergangenheit, sondern erst ab dem Zeitpunkt, ab dem er vom Hilfebedarf Kenntnis erhält. Der Tagespflegegast verpflichtet sich, den Einrichtungsträger unverzüglich über eine Deckungszusage des Kostenträgers zu informieren und den entsprechenden Bescheid in Kopie vorzulegen.

Bei Versicherten der privaten Pflegeversicherung, bei denen gemäß § 23 Abs. 1 S. 3 SGB XI an die Stelle der Sachleistungen die Kostenerstattung in gleicher Höhe tritt, rechnet die Einrichtung die Pflegeleistungen und eventuelle Vergütungszuschläge für zusätzliche Betreuungsleistungen im Sinne des § 87 b SGB XI nach Anlage 1 mit dem Versicherten selbst ab.

(3) Hinsichtlich des nicht übernommenen Entgelts bzw. der Entgeltanteile erfolgt die Abrechnung unmittelbar gegenüber dem Tagespflegegast.

(4) Das Entgelt ist bis zum 3. Werktag eines Monats im Voraus zur Zahlung fällig und auf das Konto des Einrichtungsträgers

    Kontoinhaber: ……………………………
    Bank: ……………………………
    BLZ: ……………………………
    Konto-Nr.:   ……………………………

zu überweisen.

Dem Tagespflegegast wird empfohlen, dem Einrichtungsträger eine Einzugsermächtigung zu erteilen (Anlage 4)

§ 18 Entgelt bei Abwesenheit
(1) Bei Abwesenheit des Tagespflegegasts bemisst sich das Entgelt nach den Regelungen des jeweils gültigen Landesrahmenvertrages gem. § 75 SGB XI für die teilstationäre im Land Niedersachsen. Eine Reduzierung des Entgelts erfolgt auch dann, wenn die Abwesenheitsdauer die im jeweils gültigen Landesrahmenvertrag gem. § 75 SGB XI und in § 87 a Abs. 1 SGB XI festgelegte Höchstdauer übersteigt.

(2) Eine evtl. Rückvergütung bei Abwesenheit wird mit der nächsten Rechnung verrechnet oder gesondert gutgeschrieben. Die Abwesenheit ist dem Einrichtungsträger rechtzeitig anzuzeigen.

§ 19 Haftung
Für Sach- und Vermögensschäden haftet die Einrichtung nur bei Vorsatz und grober Fahrlässigkeit. Für Personenschäden gelten die gesetzlichen Bestim-

mungen. Der Haftungsausschluss gilt weiterhin nicht bei der Verletzung von wesentlichen Vertragspflichten, die die Durchführung des Tagespflegevertrages erst ermöglichen und auf deren Einhaltung der Bewohner daher vertrauen kann.

§ 20 Sorgfaltspflichten/Gefährlicher Gebrauch/Nichtraucherschutz
(1) Aus Sicherheitsgründen dürfen offene Feuer (beispielsweise Kerzen) grundsätzlich nur bei gleichzeitiger Anwesenheit einer Betreuungskraft im gleichen Raum (zum Beispiel bei Feierlichkeiten) entzündet und unterhalten werden.

(2) Der Tagespflegegast wird auf die Regelungen des Niedersächsischen Nichtraucherschutzgesetz (Nds. NiRSG), insbesondere die §§ 1 Abs. 1 Nr. 4, 2 Abs. 1 Nr. 3 und Nr. 6 Nds. NiRSG, hingewiesen.

§ 21 Datenschutz
(1) Der Tagespflegegast vertraut sich dem Einrichtungsträger und seinen Mitarbeitern an. Der Einrichtungsträger und seine Mitarbeiter sind zur Diskretion und zu einem vertraulichen Umgang mit personenbezogenen Informationen des Tagespflegegasts verpflichtet.

(2) Es werden nur solche Informationen über den Tagespflegegast gespeichert, die für die Erfüllung des Vertrages erforderlich sind. Diese werden nur den Mitarbeitern zugänglich gemacht, die für die entsprechenden Aufgaben zuständig sind. Insoweit stimmt der Tagespflegegast der Speicherung seiner Daten zu. Er hat das Recht auf Auskunft, welche Daten über ihn gespeichert werden.

(3) Der Tagespflegegast willigt ein, dass der behandelnde Arzt die für die allgemeine und spezielle Pflege erforderlichen Informationen zur Verfügung stellt. Er willigt ebenfalls ein, dass der Einrichtung die vom Medizinischen Dienst der Krankenkassen erstellten Gutachten zur Kenntnis gegeben werden.

(4) Insbesondere hat der Tagespflegegast das Recht auf Einsichtnahme in die über ihn geführte Pflegedokumentation.

(5) Der Tagespflegegast entbindet seine behandelnden Ärzte, die betreuenden Pflegepersonen und die Pflegeeinrichtung von ihrer Schweigepflicht gegenüber der Pflegekasse und dem Medizinischen Dienst der Krankenversicherung sowie dem Sozialhilfeträger, soweit diese Stellen Unterlagen und Auskünfte für die Entscheidung über seinen Antrag auf Pflege- und Sozialhilfeleistungen benötigen.

§ 22 Vertragsdauer/Kündigung

(1) Der Tagespflegevertrag wird auf unbefristete Dauer geschlossen. Er endet durch Kündigung. Im Falle des Ablebens des Tagespflegegasts endet der Vertrag stets mit Ablauf des Todestages, ohne dass es einer Kündigung bedarf.

(2) Der Tagespflegegast kann einen unbefristeten Tagespflegevertrag spätestens am 3. Werktag eines Kalendermonats für den Ablauf desselben Monats kündigen. Bei einer Erhöhung oder Anpassung des Entgelts ist eine Kündigung jederzeit für den Zeitpunkt möglich, an dem die Erhöhung wirksam werden soll. Innerhalb von 2 Wochen nach Beginn des Vertragsverhältnisses kann der Tagespflegegast ohne Einhaltung einer Frist kündigen. Die Kündigung bedarf der schriftlichen Form.

(3) Wird dem Tagespflegegast erst nach Beginn des Vertragsverhältnisses eine Ausfertigung des Vertrages ausgehändigt, kann der Tagespflegegast auch noch bis zum Ablauf von 2 Wochen nach der Aushändigung kündigen. Die Kündigung bedarf der schriftlichen Form.

(4) Der Tagespflegegast kann den Tagespflegevertrag aus wichtigem Grund ohne Einhaltung einer Kündigungsfrist kündigen, wenn ihm die Fortsetzung des Vertrages bis zum Ablauf der Kündigungsfrist nicht zuzumuten ist. Die Kündigung bedarf der schriftlichen Form.

(5) Der Einrichtungsträger kann den Tagespflegevertrag nur aus wichtigem Grund kündigen. Die Kündigung ist schriftlich zu erklären und zu begründen. Ein wichtiger Grund liegt insbesondere vor, wenn
1. der Betrieb der Einrichtung eingestellt, wesentlich eingeschränkt oder in seiner Art verändert wird und die Fortsetzung des Vertrages für den Einrichtungsträger eine unzumutbare Härte bedeuten würde;
2. von dem Tagespflegegast eine unzumutbare objektive Gefährlichkeit für das Wohl von Mitbewohnern oder Mitarbeitern der Einrichtung ausgeht;
2. der Einrichtungsträger eine fachgerechte Pflege- oder Betreuungsleistung nicht erbringen kann, weil
   a) der Tagespflegegast eine vom Einrichtungsträger angebotene Anpassung der Leistungen nach § 8 Abs. 1 WBVG nicht annimmt oder
   b) der Einrichtungsträger eine Anpassung der Leistungen aufgrund eines Ausschlusses nach § 13 dieses Vertrages nicht anbietet und dem Einrichtungsträger deshalb ein Festhalten an diesem Vertrag nicht zumutbar ist;

4. der Tagespflegegast seine vertraglichen Pflichten schuldhaft so gröblich verletzt, dass dem Einrichtungsträger die Fortsetzung des Vertrages nicht mehr zugemutet werden kann oder
5. der Tagespflegegast
a) für zwei aufeinanderfolgende Termine mit der Entrichtung des Entgelts oder eines Teils des Entgelts, der das Entgelt für einen Monat übersteigt, im Verzug ist oder
b) in einem Zeitraum, der sich über mehr als zwei Termine erstreckt, mit der Entrichtung des Entgelts in Höhe eines Betrages in Verzug gekommen ist, der das Entgelt für zwei Monate übersteigt.

(6) Der Einrichtungsträger kann aus dem Grund des Abs. 5 Nr. 5 nur kündigen, wenn er zuvor dem Tagespflegegast unter Hinweis auf die beabsichtigte Kündigung erfolglos eine angemessene Zahlungsfrist gesetzt hat und der Einrichtungsträger nicht vorher befriedigt wird. Die Kündigung nach Abs. 5 Nr. 5 wird unwirksam, wenn bis zum Ablauf von zwei Monaten nach Eintritt der Rechtshängigkeit des Räumungsanspruchs der Einrichtungsträger das fällige Entgelt erhält oder sich eine öffentliche Stelle zur Übernahme des Entgelts verpflichtet hat.

(7) Der Einrichtungsträger kann aus dem Grund des Abs. 5 Nr. 3 a) nur kündigen, wenn er zuvor dem Tagespflegegast sein Angebot nach § 8 Abs. 1 S. 1 WBVG unter Bestimmung einer angemessenen Annahmefrist und unter Hinweis auf die beabsichtigte Kündigung erneuert hat und der Kündigungsgrund nicht durch eine Annahme des Tagespflegegasts im Sinne von § 8 Abs. 1 S. 2 WBVG entfallen ist.

(8) Die Kündigung nach Abs. 5 Nr. 2 bis 5 ist ohne Einhaltung einer Kündigungsfrist zulässig. In Fällen des Abs. 5 Nr.1 ist die Kündigung spätestens am 3. Werktag eines Kalendermonats für den Ablauf des nächsten Monats zulässig.

§ 23 Vertragsende
Werden die mitgebrachten Sachen nach Beendigung des Vertragsverhältnisses nicht wieder mitgenommen, ist der Einrichtungsträger nach angemessener Fristsetzung berechtigt, die vom Tagespflegegast mitgebrachten Gegenstände auf Kosten des Tagespflegegastes bzw. des Nachlasses einzulagern. Der Einrichtungsträger ist weiterhin berechtigt, die mitgebrachten Gegenstände an folgende Person/en auszuhändigen:

_____

Name, Anschrift, Telefonnummer

Dies gilt im Falle des Todes des Tagespflegegasts unabhängig von der Erbfolge.

§ 24 Zusätzliche Vereinbarungen

_____

_____

§ 25 Beratung und Beschwerde
Der Tagespflegegast kann sich bei dem Heimträger und der Heimleitung beraten lassen und – sollte es erforderlich sein – über die Ausführung der heimvertraglichen Leistungen beschweren. Der Träger der Tagespflege informiert den Tagespflegegast darüber, dass ihm auch gegenüber der Heimaufsichtsbehörde ein Anspruch auf Beratung und Information zusteht. Der Tagespflegegast hat darüber hinaus das Recht, sich bei der Heimaufsichtsbehörde, den Pflegekassen und den Trägern der Sozialhilfe zu beschweren (Anlage 5).

§ 26 Schlussbestimmungen
(1) Die Unwirksamkeit einzelner Bestimmungen lässt die Wirksamkeit der übrigen Vereinbarungen unberührt. Mündliche Nebenabreden wurden nicht getroffen.

(3) Der Tagespflegegast ist nicht berechtigt, Leistungsansprüche aus diesem Vertrag an Dritte abzutreten.

(4) Die Anlagen 1 bis 5 sind Bestandteil dieses Vertrages.

(5) Mit dem Abschluss dieses Vertrages wird ein ggf. zuvor zwischen den Parteien abgeschlossener Tagespflegevertrag abgelöst und aufgehoben.

_____   _____
Ort, Datum   Ort, Datum

_____   _____
Unterschrift und Stempel des   Unterschrift des Tagespflegegasts
Einrichtungsträgers

                                  _____
                                  Unterschrift des Vertreters

Anlage 1 Zusätzliches Betreuungsangebot nach § 87 b SGB XI
[Anlage nur verwenden, wenn besonderes Betreuungsangebot besteht]

Das Heim stellt für pflegebedürftige Tagespflegegäste mit erheblichem Bedarf an allgemeiner Beaufsichtigung und Betreuung ein zusätzliches Betreuungsangebot zur Verfügung. Das Betreuungsangebot beinhaltet derzeit:

[hier bitte einrichtungsspezifische Darstellung einfügen]

Hierfür hat der Einrichtungsträger mit den Pflegekassen einen Zuschlag in Höhe von
täglich EUR ....
vereinbart, welcher von der Pflegekasse des Tagespflegegastes zu tragen und von den privaten Versicherungsunternehmen im Rahmen des vereinbarten Versicherungsschutzes zu erstatten ist. Privat versicherte Tagespflegegäste treten insofern gegenüber der Einrichtung in Vorleistung.

Der Tagespflegegast und dessen Angehörige bestätigen mit ihren nachstehenden Unterschriften, dass sie im Rahmen der Verhandlungen und des Abschlusses des Tagespflegevertrags deutlich darauf hingewiesen wurden, dass ein zusätzliches Betreuungsangebot besteht, für das ein Vergütungszuschlag nach § 87 b Abs. 1 S. 1 SGB XI gezahlt wird.

Ort, Datum   Unterschrift des Gastes

Ort, Datum   ggf. Unterschrift des Angehörigen

Tagespflegevertrag für die Einrichtung ....

Anlage 2: Ausschluss von Leistungen

Bei einer Änderung des Pflege- und Betreuungsbedarfs hat der Einrichtungsträger dem Tagespflegegast nach § 8 Abs. 1 WBVG grundsätzlich eine entsprechende Anpassung der Leistungen anzubieten.

Der Einrichtungsträger ist jedoch nach seiner konzeptionellen, personellen oder baulichen Ausrichtung nicht darauf eingerichtet, Tagespflegegäste mit folgenden Krankheitsbildern zu versorgen:
....
....
....
....

Der Ausschluss muss erfolgen, weil
....
....
....
....

(einrichtungsspezifische individuelle Begründung, warum die genannten Krankheitsbilder in der Einrichtung – ggf. im Bereich des vertraglich vereinbarten Tagespflegegastzimmers – nach dem Leistungskonzept nicht versorgt werden können)

Die Pflicht des Einrichtungsträgers, eine Anpassung der Leistungen vorzunehmen, wird insofern durch diese Vereinbarung ausgeschlossen.

_____   _____
(Ort, Datum)   Unterschrift des Tagespflegegasts bzw. seines Vertreters

_____   _____
(Ort, Datum)   Unterschrift des Einrichtungsträgers

Anlage 3: Vollmacht (optional)

Führt ein veränderter Pflegebedarf dazu, dass der Tagespflegegast

....
(Name, Vorname, Geburtsdatum des Tagespflegegasts)

einer anderen Pflegestufe bzw. Pflegeklasse zuzuordnen ist, so wird

....
(Name, Anschrift des Einrichtungsträgers)

widerruflich bevollmächtigt, der Pflegekasse den veränderten Pflegebedarf mitzuteilen, eine Veränderung der Pflegestufe zu beantragen oder gegen einen Bescheid der Pflegekasse Rechtsmittel einzulegen.

_____   _____
(Ort, Datum)   Unterschrift des Tagespflegegasts bzw. seines Vertreters

Anlage 4: Einzugsermächtigung (optional)

Der Tagespflegegast

....

(Name, Vorname, Geburtsdatum des Tagespflegegasts)

erteilt dem Einrichtungsträger

....

(Name, Anschrift des Einrichtungsträgers)

Vollmacht, die jeweils fälligen Entgelte von seinem Konto

Bank: ....
BLZ ....
Konto-Nr.: ....

abzurufen. Diese Einzugsermächtigung kann vom Tagespflegegast jederzeit widerrufen werden.

_____   _____
(Ort, Datum)   Unterschrift des Tagespflegegasts bzw. seines Vertreters

Beispiel Inhaltsverzeichnis Qualitätshandbuch für Tagespflegeeinrichtungen

Entsprechend den Anforderungen des Medizinischen Dienstes der Krankenkasse

1. Allgemeine Informationen
1.1. Daten zur Tagespflege

- Name
- Straße
- PLZ/Ort
- Institutionskennzeichen (IK)
- Telefon
- Fax
- Mail
- Internet
- Einrichtungsart (teilstationär und Anzahl der Pflegeplätze)
- Träger (privat, freigemeinnützig, öffentlich)
- Ggf. Verband
- Datum Abschluss Versorgungsvertrag
- Datum Inbetriebnahme der Tagespflege
- Verantwortliche PFK (Name, Anteil Stundenumfang Organisation und Pflege)
- Stellv. verantw. PFK (Name)
- Ggf. Zertifizierung
- Organigramm

1.2. Notwendige Unterlagen

- Aufstellung über die Anzahl aller versorgten Gäste (SGB XI, Selbstzahler, Sonstige) sowie Pflegestufendifferenzierung der Leistungsempfänger nach SGB XI mit Datum
- Aufstellung über die Anzahl der Pflegebedürftigen mit: Wachkoma, Beatmungspflicht, Dekubitus, Blasenkatheter, PEG-Sonde, Fixierung, Kontraktur, Vollständiger Immobilität, Tracheostoma, MRSA, Diabetes mellitus
- Muster Heimvertrag
- Auflistung der Zusatzleistungen nach § 88 SGB XI
- Blanko-Einrichtungsvertrag (Hinweis auf Kostenvoranschlag)
- Ausbildungsnachweis der verantwortlichen Pflegefachkraft
- Weiterbildungsnachweis der verantwortlichen Pflegefachkraft
- Ausbildungsnachweis der stellvertretenden verantwortlichen Pflegefachkraft

- » Nachweis Qualifikation Betreuungskräfte § 87b (Betreuungskräfte) inkl. Arbeitsvertrag
- » Pflegebezogene Ausbildungsnachweise der pflegerischen Mitarbeiter
- » Aufstellung aller in der Pflege tätigen Mitarbeiter mit Name, Berufsausbildung und Beschäftigungsumfang
- » Nachweis von Erste Hilfe-Maßnahmen für die Mitarbeiter
- » Liste der von der Tagespflege vorgehaltenen Pflegehilfsmittel / Hilfsmittel
- » Dienstpläne: Dokumentenecht (kein Bleistift, keine Überschreibung, kein Tipp-Ex, keine unleserlichen Streichungen, Soll-, Ist- und Ausfallzeiten, Zeitpunkt der Gültigkeit, Vollständige Namen (Vor- und Zuname), Qualifikation, Umfang des Beschäftigungsverhältnisses (Wochen- oder Monatsarbeitszeit), Legende für Dienst- und Arbeitszeiten, Datum, Unterschrift der verantwortlichen Person
- » Organigramm
- » Pflegeleitbild
- » Pflegekonzept: Pflegemodell, Pflegesystem, Pflegeprozess, Aussagen zur innerbetrieblichen Kommunikation, Aussagen zum Qualitätssicherungssystem, Aussagen zur Leistungsbeschreibung, Aussagen zur Kooperation mit anderen Diensten, Aussagen zur personellen Ausstattung, Nachweis dass das Pflegekonzept allen Mitarbeitern in der Pflege ausgehändigt wurde
- » Pflegedokumentationssystem
- » Hauswirtschaftskonzept: Aussagen zur Leistungsgestaltung Verpflegung, Aussagen zur Leistungsgestaltung Hausreinigung, Aussagen zur Leistungsgestaltung Wäscheservice, Aussagen zur Kooperation mit anderen Diensten, Aussagen zur personellen Ausstattung
- » Hauswirtschaftsbezogene Ausbildungsnachweise der hauswirtschaftlichen Mitarbeiter
- » Konzept soziale Betreuung: Inhalte (Gruppenangebote, Einzelangebote, jahreszeitliche Feste, Kontakt zu Einrichtungen des Gemeindewesens, Kooperationen), Tagesplan, Mitarbeiter (Qualifikation), Umgang mit Demenz (Angebote)
- » Betreuungskonzept § 87 b
- » Stellenbeschreibung: Hauswirtschaft/Köchin (Aufgaben und Verantwortungsbereich festlegen), Leitende Pflegefachkraft, Pflegefachkräfte, Pflegehelfer, Alltagsbegleiter, Betreuungskraft entsprechend § 87b

- » Nachweis über Fallbesprechungen
- » Nachweis über Informationsweitergabe
- » Nachweis über Dienstbesprechungen
- » Konzept zur Einarbeitung neuer Mitarbeiter
- » Fortbildungsplan
- » Liste Fachbücher
- » Liste Fachzeitschriften
- » Nachweise interne Fortbildung (Pflege, Hauswirtschaft, soziale Betreuung)
- » Nachweis Pflegeeinsätze nach § 37 SGB XI (Besuch nur durch Pflegefachkräfte)
- » Nachweis externe Fortbildung (Schwerpunkt Umgang mit Demenz)
- » Nachweis zum einrichtungsinternen Qualitätsmanagement
- » Nachweis externes Qualitätsmanagement
- » Leitlinien / Richtlinien / Standards: Regelung des Datenschutzes, Verfahren Aufnahme neuer Patienten, Verfahren Erstbesuch neuer Patienten
- » Hygienestandard/-plan/-konzept
- » Konzept zum Beschwerdemanagement
- » Regelungen zum Umgang mit personenbezogenen Notfällen
- » Aussage zu Kooperationen (Fahrdienst, Essensversorgung, Wäsche, Hausreinigung usw..)

2. Qualitätsmanagement

1. Zuständigkeit des Qualitätsmanagements (Zuordnung innerhalb des Betriebes)
2. Struktur des Qualitätsmanagementsystem (Dienstbesprechungen usw.)
3. Maßnahmen der externen Qualitätssicherung (u.a. Qualitätskonferenzen)
4. Anwendung von Expertenstandards: Dekubitusprophylaxe, Schmerzmanagement, Sturzprophylaxe, Kontinenzförderung, Chronische Wunden, Dehydrationsprophylaxe
5. Maßnahmen der internen Qualitätssicherung
6. Maßnahmen des kontinuierlichen Verbesserungsprozesses (Plan – Do – Check – Act)
7. Einarbeitungskonzept: Zielvorgabe im Konzept, zeitliche Vorgaben im Konzept, inhaltliche Vorgaben im Konzept, Pflegefachkraft als Ansprech-

partner im Konzept benannt, Differenzierung nach Qualifikation der Mitarbeiter im Konzept, Einarbeitungsbeurteilung im Konzept, Konzept angewandt (Nachweis)

8. Darstellung der Methoden zur Sicherstellung der Informationsweitergabe: Übergabe, Dienstbesprechungen, schriftlich fixierte Regelungen (z.B. Dienstanweisungen, Rundschreiben, Aushang)
9. Verfahrensanweisung zum Verhalten der Pflegekräfte in Notfällen bei pflegebedürftigen Menschen
10. Schriftliche Regelung zum Umgang mit Beschwerden
11. Nachweis der fachlichen Anleitung und Überprüfung grundpflegerischer Tätigkeiten von Pflegehilfskräften (Standard Grundpflege)
12. Nachweis der ausgehändigten Unterlagen an die Mitarbeiter (Pflegekonzept, Hauswirtschaftskonzept, Dienstanweisungen usw.)
13. Muster Speiseplan: Gut lesbare Form, abwechslungsreiches Angebot, Wahlmöglichkeiten, Zwischenmahlzeiten (Umfang, Getränke – warm/kalt-), Uhrzeiten (Frühstück, Mittagessen, Nachmittagskaffee,)
14. Aufnahmekonzept
15. Gäste-/Angehörigenbefragung: Musterbefragung, Auswertung letzte Befragung

3. **Pflegedokumentationssystem**

Nachweis eines Pflegedokumentationssystems

» Stammdaten
» Pflegeanamnese/Informationssammlung
» Biografie
» Bedürfnisse, Probleme und Fähigkeiten, Ziele und geplante Maßnahmen sowie die Evaluation der Ergebnisse
» Verordnete medizinische Behandlungspflege
» Gabe verordneter Medikamente
» Durchführungsnachweis
» Pflegebericht
» Bewegungs- bzw. Lagerungsplan
» Trink-/Bilanzierungsplan
» Ernährungsplan
» Überleitungsbogen
» Wunddokumentation
» Dekubitusrisiko/Dekubitusrisikoskala
» Fixierung
» Gwichtsverlauf
» Miktionsprotokoll
» Sturzrisiko
» Sonstiges

4. Hygiene

1. Darstellung eines Hygienemanagements: Verfahrensweise zur Desinfektion und Umgang mit Sterilgut, Reinigung und Ver- und Entsorgung kontagiöser oder kontaminierter Gegenstände, Überprüfung innerbetrieblicher Verfahrensanweisungen (Nachweis der Prüfung), Nachweis der Verfahrensanweisungen für Mitarbeiter
2. Nachweise der Empfehlungen der Kommission für Krankenhaushygiene und Infektionsprävention des Robert Koch Institutes: Empfehlung zur Händehygiene, Empfehlung zur Prävention und Kontrolle Katheterassoziierter Harnwegsinfektionen, Empfehlung zur Prävention der nosokomialen Pneumonie, Empfehlung zur Prävention und Kontrolle von Methicillinresistenten Staphyloccus aureus-Stämmen (MRSA) in Krankrenhäusern und anderen medizinischen Einrichtungen
3. Nachweis von Arbeitshilfen für die Hygiene (Handschuhe, Händedesinfektionsmittel, Schutzkleidung)

Anlage 4: Beispiele bauliche Mindestanforderungen Tagespflege

Bremen
Zusammenfassung aus:
Der Altenplan der Stadtgemeinde Bremen Februar 2007[1] (Seite 192/193)

Anforderungen an die Träger von Tagespflegeeinrichtungen:
» Flure, Treppen und Zugänge sollten barrierefrei sein.
» Flure und Treppen an beiden Seiten mit festen Handläufen.
» Bei mehr als einer Geschosshöhe muss ein Aufzug vorhanden sein.
» Behindertengerechte Erschließung (DIN 18025 Teil 1).
» Ausstattung der Ruheräume und Sanitärräume mit einer Rufanlage.
» Zugänglichkeit der Sanitärräume von außen muss gewährleistet sein.
» Sanitäre Anlagen: Ausstattung mit Badewanne oder bodengleicher Dusche.
» Behindertengerechtes WC.
» Tagespflegeeinrichtungen mit nur körperlich gering beeinträchtigen älteren Menschen müssen nur mit Ruhesesseln ausgestattet sein.
» Beleuchteter Eingangsbereich und stufenlose Begehung im Eingangsbereich.

---

1 www.soziales.bremen.de/altenplan

Berlin
Senatsverwaltung für Gesundheit und Soziales
Planungsgrundlagen für Baumaßnahmen in geförderten stationären und teilstationären Einrichtungen der Altenhilfe
Zusammenfassung:

Funktion	12 Plätze			15 Plätze		
	Anzahl	qm	Gesamt	Anzahl	qm	Gesamt
Aufenthaltsraum/Wohnraum	1	28	28	1	35	35
Aufenthalt/Speiseraum	1	29	29	1	36	36
Therapie/Untersuchungsraum (auch Einzel-Ruheraum) **Anmerkung:** Bei 15 Plätzen zwei Ruheräume mit je zwei Betten	1	12	12	2	18	36
Ruheraum – nutzbar für 6 Personen bei 12 Gästen nutzbar für 8 Personen bei 15 Gästen	1	18	18	1	22	22
Küche – incl. Nebenräume (abhängig von der Zubereitungsart)	1	22	22	1	24	24
Toilette – behindertengerecht Aufteilung geschlechtsspezifisch	2	5	10	2	5	10
Zwischensumme			Ca.119			Ca.163
Bad Badewanne oder bodengleiche Dusche Behindertengerechtes WC	1	16	16	1	16	16
Abstellraum/Garderobe	1	6	6	1	8	8
Putzraum/Schmutzwäsche	1	6	6	1	8	8
Zwischensumme			Ca. 28			Ca. 32
Lager/Wäsche	1	4	4	1	4	4
Zwischensumme			Ca. 4			Ca. 4
Dienstraum/Personalaufenthalt	1	14	14	1	16	16
Toiletten-Personal	1	2	2	1	2	2
Zwischensumme			Ca. 16			Ca.18
Gesamtfläche			Ca. 167			Ca. 217

Hamburg
Verordnung über bauliche Anforderungen an Wohn- und Betreuungsformen (Wohn- und Betreuungsbauverordnung – WBBauVO) vom 14. Februar 2012
Auszug:

**Unterabschnitt 1
Einrichtungen der Tagespflege**

§ 10 Allgemeine Anforderung
(1) Einrichtungen der Tagespflege müssen mindestens folgende Bereiche aufweisen:
    1. Eingangsbereich,
    2. Gemeinschaftsbereich,
    3. Badezimmer,
    4. Dienstleistungs- und Funktionsbereich.

(2) Die Nutzfläche der Bereiche im Sinne von Absatz 1 Nummern 1 bis 3 muss je Nutzerin oder Nutzer insgesamt *mindestens* 16 m² betragen.

(3) Die Räume der Einrichtung sind den Bedürfnissen der Nutzerinnen und Nutzer entsprechend wohnlich zu gestalten. Anordnung, Größe und Ausstattung der Räume müssen geeignet sein, um auch Nutzerinnen und Nutzer mit Mobilitätseinschränkungen und hoher Pflegedürftigkeit zu betreuen, eine Selbstgefährdung auszuschließen, die Selbständigkeit und Mobilität der Nutzerinnen und Nutzer durch geeignete Hilfen wie zum Beispiel Handläufe zu fördern und zu erhalten sowie Entspannung und Geselligkeit zu ermöglichen. Zur Aufbewahrung persönlicher Gegenstände sind für die Nutzerinnen und Nutzer jeweils abschließbare Garderobenschränke vorzuhalten.

(4) Einrichtungen, die insbesondere auch dem Zweck dienen, Menschen mit demenzbedingten Fähigkeitsstörungen aufzunehmen, haben zusätzlich die Anforderungen nach § 5 Absatz 1 Satz 2 Nummern 3 und 4, § 7 Absätze 7 und 8 sowie § 8 Absatz 3 zu erfüllen.(5) Einrichtungen im Untergeschoss oder in Kellergeschossen sind unzulässig.

§ 11 Gemeinschaftsbereiche
(1) Den Nutzerinnen und Nutzern müssen als Gemeinschaftsbereich mindestens eine Wohnküche mit einem Wohn- und Essbereich, ein Wohnzimmer, ein Ruheraum und ein Außenbereich zur Verfügung stehen. Der Gemeinschaftsbereich muss den gemeinsamen Aufenthalt aller Nutzerinnen und Nutzer ermöglichen,

ihrem Bedürfnis nach Rückzug und Ruhe angemessen Rechnung tragen und für sie überschaubar gestaltet sein.

(2) Die Wohnküche muss räumlich mit dem Wohn- und Essbereich verbunden sein. Die Wohnküche muss den Nutzerinnen und Nutzern die Teilnahme an hauswirtschaftlichen Aktivitäten ermöglichen.

(3) Die Anzahl und Nutzfläche der Räume im Gemeinschaftsbereich muss in einem angemessenen Verhältnis zur Anzahl der Nutzerinnen und Nutzer stehen. Die Räume können mehrere Funktionen haben.

(4) Für den Außenbereich gilt § 7 Absatz 4 entsprechend.

(5) Im Gemeinschaftsbereich ist durch eine entsprechende Fensterhöhe sicherzustellen, dass für die Nutzerinnen und Nutzer ein unbeeinträchtigter Ausblick im Sitzen möglich ist.

§ 12 Toilettenräume und Badezimmer
(1) Die Einrichtung soll für jeweils bis zu fünf Nutzerinnen und Nutzer einen Toilettenraum haben. Jeweils ein Toilettenraum je Geschoss ist rollstuhlgerecht zu gestalten.

(2) Die Anforderungen nach § 8 Absatz 8 gelten entsprechend.

§ 13 Dienstleistungs- und Funktionsräume
Die Einrichtung muss als Dienstleistungs- und Funktionsräume mindestens einen Hauswirtschaftsraum, einen Ausgussraum zur Entsorgung von Schmutzwasser mit einem Ausgussbecken, einen Büro- und Besprechungsraum und einen Abstellraum haben.

§ 14 Notruf
Das Badezimmer und die Toilettenräume für Nutzerinnen und Nutzer sind mit einer hausinternen Notrufanlage zu versehen.

Mecklenburg-Vorpommern
Verordnung über bauliche Mindestanforderungen für Einrichtungen
(Einrichtungenmindestbauverordnung – EMindBauVO M-V) vom 10. November 2010

§ 12 Einrichtungen der Tages- und Nachtpflege
(1) In Einrichtungen der Tages- und Nachtpflege (teilstationäre Einrichtungen) sollen folgende Räumlichkeiten vorgehalten werden:
1. Wohn- oder Aufenthaltsraum mit möglichst abtrennbarer Ruhezone zum Aufstellen von Liegemöglichkeiten,
2. Gymnastik- oder Therapieraum,
3. Ruheraum mit Liegemöglichkeiten für circa ein Drittel der Nutzer,
4. Küche, die gleichzeitig als Therapieküche genutzt werden kann,
5. Bad mit einer von drei Seiten begehbaren Wanne oder einer begehbaren Dusche,
6. WC-Bereich mit mindestens einem behindertengerechten WC,
7. Garderobe mit abschließbaren Schränken,
8. Abstellfläche für Rollstühle,
9. Personaldienstraum,
10. Abstellraum,
11. Putzmittelraum,
12. Personal-WC.

(2) Anzahl und Größe der erforderlichen Funktions- und Zubehörräume orientieren sich an den Bedürfnissen der Nutzerinnen und Nutzer und dem Konzept der teilstationären Einrichtung.

(3) Die Fläche der in Absatz 1 Nummer 1 bis 5 aufgeführten Räume sollte eine *Nettogrundfläche von zehn Quadratmetern* pro Nutzer nicht unterschreiten.

Nordrhein-Westfalen
Rahmenvertrag nach § 75 SGB XI teilstationäre Pflege

Anlage 2) zu § 28 Räumliche Ausstattung
Raumprogrammempfehlung Tagespflege für 12 Plätze

Laut § 3 Abs. 2 Satz 2 der Verordnung über die gesonderte Berechnung nicht geförderter Investitionsaufwendungen für Pflegeeinrichtungen nach dem Landespflegegesetz (GesBerVO) vom 15.10.2003 in Verbindung mit Satz 3 der Allgemeinen Förderpflegeverordnung (AllgFörderPflegeVO) sind in der Regel pro Tagespflegeplatz 18 qm zu kalkulieren. Für bereits gemäß § 72 SGB XI zugelassene Tagespflegeeinrichtungen besteht Bestandsschutz.

Einrichtungsgröße:
In der Regel 12 Plätze pro Gruppe Tagespflegeeinrichtungen, die sich in räumlicher Anbindung zu einer sozialen oder/und pflegerischen Einrichtung befinden, müssen mindestens die in der folgenden Auflistung mit *) gekennzeichneten Räume vorhalten.

Alle übrigen Tagespflegeeinrichtungen haben sämtliche nachfolgend aufgeführten Räume vorzuhalten.

Dienstraum	Ca. 20 qm	
Pausenraum		Siehe § 29 Arbeitsstättenverordnung
Wohnen/Aufenthaltsraum*	Ca. 40 qm	Nach Möglichkeit in Verbindung mit dem Küchenbereich
Küche*	Ca. 20 qm	Große Küche, in der gemeinsam mit den Tagesgästen gekocht werden kann
Therapie/Gruppenraum*	Ca. 30 qm	
Ruheraum*	Ca. 16 qm	Ausgestattet mit Ruhemöglichkeiten
Pflegebad*	Ca. 16 qm	Ausgestattet mit freistehender unterfahrbarer Wanne oder bodengleicher Dusche, WC und unterfahrbarem Waschbecken
Abstellraum	Ca. 10 qm	
Putzmittelraum	Ca. 6 qm	Ausgussbecken und Stellfläche für den Putzwagen
Eingangsbereich Garderobe mit Abstellfläche für Rollstühle	Ca. 50 qm	Ausgestattet mit abschließbaren Schränken für Wertsachen der Tagesgäste
WC-Anlage*	Ca. 8 qm	Behindertengerecht ausgestattet mit mind. einem rollstuhlgerechen WC
Mitarbeiter-WC im Vorraum	Ca. 6 qm	s. § 37 Arbeitsstätten VO

Zur Rufanlage regelt § 7 Heimmindestbauverordnung (HeimMindBauV): „Räume, in denen Pflegebedürftige untergebracht sind, müssen mit einer Rufanlage ausgestattet sein, die von jedem Bett aus bedient werden kann."

Entsprechend dem noch nicht fertiggestellten Raumprogramm der Pflegekassen müssen alle Tagespflegeeinrichtungen rollstuhlgerecht sein!

Thüringen
Gemeinsame Empfehlung der Landesverbände der Pflegekassen in Thüringen und des Thüringer Ministeriums für Soziales und Gesundheit zu den Anforderungen an eine Einrichtung der Tagespflege vom 19.10.1998

Zusammenfassung:
(...) In der Regel sollen Tagespflegeeinrichtungen eine Kapazität von 15 Tagespflegeplätzen nicht überschreiten.

Raumprogramm Tagespflege für pflegebedürftige ältere Menschen (12 Gäste) in Thüringen
» DIN 18025 Teil I, für Größe und Ausstattung der barrierefreien Toiletten.
» DIN 18024 Teil I und II, bauliche Maßnahmen für Behinderte und alte Menschen im öffentlichen Bereich.
» DIN 18022, Küchen, Bäder und WC´s im Wohnungsbau.

Unabhängig davon sind die Anforderungen des Gesundheitsamtes, des Gewerbeaufsichtsamtes, des Bauamtes sowie des Brandschutzes zu erfüllen.

Anzahl	Funktion	Größe in qm	Anmerkung
1	Eingangsbereich	Ca. 20 qm	Garderobe mit Abstellfläche für Rollstühle. Ausreichend bemessener Bewegungsraum zum An- und Auskleiden, verschließbare Schränke
1	Wohn- und Aufenthaltsbereich	Ca. 40 qm	Nach Möglichkeit in Verbindung mit dem Küchenbereich • Ausreichend bemessen und altersgerechte Sitzmöglichkeiten (Tische und Stühle) • Schränke • Angebot von Spielen, Büchern, Zeitschriften, Musikanlage

Anzahl	Funktion	Größe in qm	Anmerkung
1	Therapie-/Gruppenraum	Ca. 35 qm	Ausreichend bemessene und altersgerechte Sitzmöglichkeiten, Angebot von geeignetem Bastel- und Therapiematerial
2	Ruheräume	Ca. 20 qm Ca. 20 qm	Ausgestattet mit Ruhemöglichkeiten (Liege- und Schlafsessel), zweiter Raum ggf. mit zwei Betten. Ein Ruheraum kann auch variabel mit dem Beschäftigungs- und Therapieraum verbunden werden
1	Küche	Ca. 20 qm	Große Küche, in der gemeinsam mit den Tagesgästen Essen zubereitet werden kann, normale Küchenausstattung
1	Dienstraum/Schwesternzimmer	Ca. 12 qm	Ggf. Nutzung für Einzelgespräche mit Angehörigen, verschließbare Schränke für Medikamente
1	Pflegebad	Ca. 14 qm	Bodengleiche Dusche mit behindertengerechtem WC und unterfahrbarem Waschbecken
3	WC	Je ca. 4 qm (insgesamt 12 qm)	Klärung, ob behindertengerechtes WC im Pflegebad untergebracht werden kann!
3	Abstellräume Putzmittelraum mit Ausguss	Je ca. 4 qm (insgesamt ca. 12 qm)	Abstellräume für Wäsche, Lebensmittel und Hilfsmittel, Putzmittel, Ausgussbecken
1	Pausenraum	Ca. 10 qm	Entsprechend Arbeitsstätten-VO
	Gesamtfläche	Ca. 220 qm	

Nettogrundfläche pro Platz sollte 18 Quadratmeter nicht unterschreiten!

Anlage 5: Muster Struktur-Erhebungsbogen

Gemeinsamer Struktur-Erhebungsbogen
der Landesverbände der Pflegekassen in Nordrhein-Westfalen

Tagespflegeeinrichtung ☐

Bitte mit Schreibmaschine oder in Druckbuchstaben ausfüllen!

1. **Allgemeine Angaben**

   1.1. Name der Einrichtung: _____

   Straße: _____

   Postleitzahl, Ort: _____
   Datum der vorauss.
   Inbetriebnahme bzw.
   Änderung des bestehenden
   Versorgungsvertrages: _____

   Einrichtungsleiter/-in: _____
   verantwortliche
   Pflegefachkraft: _____
   stellv. verantwortliche
   Pflegefachkraft: _____

   Telefon-Nr.: _____

   Telefax: _____

   E-Mail: _____

   Homepage: _____

   Institutionskennzeichen (IK): ☐ ☐ ☐ ☐ ☐ ☐ ☐ ☐ ☐
   Das IK wurde beantragt am: _____
   beim Hauptverband der Berufsgenossenschaft e. V.
   – Vergabestelle Institutionskennzeichen –
   Alte Heerstraße 111
   53757 Sankt Augustin

1.2. Kreis/kreisfreie Stadt: _____

1.3. Träger der Einrichtung: _____

    Rechtsform: _____

    Straße: _____

    Postleitzahl, Ort: _____

    Tel.Nr.: _____

    Telefax: _____

    Trägerschaft:
      ☐ öffentlich
      ☐ freigemeinnützig
      ☐ privat

1.4. Gehören Sie einer Vereinigung/einem Verband von Trägern von Pflegeeinrichtungen im Land an?   ☐ Ja   ☐ Nein

    Wenn ja, geben Sie bitte den Namen und die Anschrift der Vereinigung/des Verbandes an:
    _____
    _____

1.5. Die Einrichtung ist auf folgende allgemeine Zwecke ausgerichtet:
    ☐ Tagespflegeeinrichtung für die ausschließliche Betreuung von Pflegebedürftigen
    ☐ Sonstige _____

1.6. Der Träger der Pflegeeinrichtung betreibt am Ort oder im räumlichen Verbund auch eine

ambulante Pflegeeinrichtung	☐ Ja	☐ Nein
vollstationäre Pflegeeinrichtung	☐ Ja	☐ Nein
Kurzzeitpflegeeinrichtung	☐ Ja	☐ Nein
Betreutes Wohnen	☐ Ja	☐ Nein
sonstige Einrichtung	☐ Ja	☐ Nein

(z. B. Krankenhaus, Reha-Einrichtung, Behinderteneinrichtung usw.)

Wenn ja, geben Sie bitte die Namen und Anschriften der Pflegeeinrichtungen/sonstigen Einrichtungen an:

_____

2. **Belegung und Leistungen**

2.1. Wie viele Tagespflegeplätze werden im Jahresdurchschnitt vorgehalten? _____

2.2. Öffnungszeiten der Einrichtung:

Tage: _____

Uhrzeiten: _____

2.3. Ist eine Spezialisierung auf einen oder mehrere bestimmte Personenkreise vorgesehen?
☐ nein
☐ ja _____ (bitte Konzept einreichen)

2.4. In die Pflegeeinrichtung werden folgende Pflegebedürftige **nicht** aufgenommen:

_____

_____

2.5. In die Pflegeeinrichtung werden aufgenommen:
☐ Männer,
☐ Frauen, (Bitte die Betriebserlaubnis gemäß § 45
☐ Kinder und Jugendliche. SGB VIII des Landesjugendamtes beifügen.)

2.6. Welche Zusatzleistungen gem. § 88 SGB XI werden den Pflegebedürftigen angeboten?

_____

_____

_____

Legen Sie bitte eine Leistungs-/Preisübersicht bei.

3. **Personal der teilstationären Pflegeeinrichtung**

3.1. **Verantwortliche Pflegefachkraft**

3.1.1. Vorname, Name (ggf. Geburtsname):

_____

3.1.2. Ist die ständige Verantwortung für die Durchführung pflegerischer Leistungen durch die verantwortliche Pflegefachkraft ab Inbetriebnahme/ Änderung des bestehenden Versorgungsvertrages gewährleistet?
☐ Ja ☐ Nein

3.1.3. Die verantwortliche Pflegefachkraft der teilstationären Pflegeeinrichtung besitzt die Erlaubnis zur Führung der Berufsbezeichnung/staatlichen Anerkennung als
☐ Krankenschwester/Krankenpfleger, Gesundheits- und Krankenpflegerin/Gesundheits- und Krankenpfleger
☐ Kinderkrankenschwester/Kinderkrankenpfleger, Gesundheits- und Kinderkrankenpflegerin/Gesundheits- und Kinderkrankenpfleger
☐ Altenpflegerin/Altenpfleger
entsprechend den gesetzlichen Bestimmungen in der jeweils gültigen Fassung.
Wenn unzutreffend, bitte die Berufsbezeichnung angeben:

_____

3.1.4. Die verantwortliche Pflegefachkraft hat den unter 3.1.3. genannten Beruf innerhalb der letzten 8 Jahre, und zwar in folgenden Einrichtungen ausgeübt (vgl. auch § 71 (3) S. 1 Nr. 1 – 3 SGB XI):

Von.................... bis ....

Einrichtung: _____

Von.................... bis ....

Einrichtung: _____

Von.................... bis ....

Einrichtung: _____

3.1.5. Liegt der Abschluss einer Weiterbildungsmaßnahme für leitende Funktionen mit einer Mindeststundenzahl von 460 Stunden vor?
☐ Ja ☐ Nein

3.1.6. Die verantwortliche Pflegefachkraft ist in ihrer Funktion mit ___ Stunden/Woche in Ihrer Einrichtung beschäftigt.

> Fügen Sie bitte folgende Unterlagen der o. g. verantwortlichen Pflegefachkraft bei:
> » Erlaubnis zur Führung der Berufsbezeichnung/staatlichen Anerkennung
> » Auszug aus dem Bundeszentralregister der Generalbundesanwaltschaft (Führungszeugnis)
> » Nachweis ausreichender Berufserfahrung (z. B. Arbeitszeugnisse)
> » Nachweis des erfolgreichen Abschlusses einer Weiterbildungsmaßnahme

3.2. Stellvertretung der verantwortlichen Pflegefachkraft

3.2.1. Ist die ständige Vertretung der verantwortlichen Pflegefachkraft gewährleistet?   ☐ Ja   ☐ Nein

3.2.2. Vorname, Name (ggf. Geburtsname): _____

3.2.3. Die Stellvertretung der verantwortlichen Pflegefachkraft besitzt die Erlaubnis zur Führung der Berufsbezeichnung/staatliche Anerkennung als
☐ Krankenschwester/Krankenpfleger, Gesundheits- und Krankenpflegerin, Gesundheits- und Krankenpfleger
☐ Kinderkrankenschwester/Kinderkrankenpfleger, Gesundheits- und Kinderkrankenpfleger, Gesundheits- und Kinderkrankenpfleger
☐ Altenpflegerin/Altenpfleger
entsprechend den gesetzlichen Bestimmungen in der jeweils gültigen Fassung.
Wenn unzutreffend, bitte die Berufsbezeichnung angeben:

_____

3.2.4. Die Stellvertretung der verantwortlichen Pflegefachkraft ist in ihrer Funktion mit ____ Stunden/Woche in Ihrer Einrichtung beschäftigt:

Fügen Sie bitte ebenfalls eine Kopie der Erlaubnis zur Führung der Berufsbezeichnung/staatlichen Anerkennung bei.

4. **Räumliche Ausstattung**

4.1 Die teilstationäre Pflegeeinrichtung erfüllt die Voraussetzungen
☐ der Anlage 2 zu § 28 des Rahmenvertrages gemäß § 75 SGB XI zur Tagespflege in NRW
☐ sonstiger Vorschriften (bitte benennen)

_____

4.2 Die Abstimmungsbescheinigung gemäß § 1 Abs. 1 Satz 3 AllgFörderPflegeVO bzw. das Qualitätszertifikat gem. § 9 PfGNW
☐ ist beantragt
☐ ist beigefügt
☐ wird nachgereicht
☐ wird nicht beantragt.

4.3 Bei Neu-/Umbauten und Umwidmungen:
☐ Ein Bauantrag
☐ Eine Nutzungsänderung

wurde unter dem Aktenzeichen _____

genehmigt von _____ .
(zuständige Behörde)

5. **Finanzierung der teilstationären Pflegeeinrichtung**

5.1 Wird die Zustimmung zur gesonderten Berechnung (Investitionsaufwendungen) beantragt?   ☐ Ja   ☐ Nein

5.2. Fügen Sie bitte eine entsprechende Kalkulation einschließlich der Darstellung der von Ihnen ermittelten Pflegesätze bei.

6. **Wirtschaftliche Selbständigkeit**
Ist die wirtschaftliche Selbständigkeit der Pflegeeinrichtung dadurch sichergestellt, dass die Finanzierungskreise und -verantwortlichkeiten sowie die Rechnungslegung für den Bereich der teilstationären Pflege klar und eindeutig von anderen Leistungen und Aufgaben anderer Unternehmensteile im Sinne des WTG abgegrenzt werden?
☐ Ja   ☐ Nein

7. **Ortsübliche Vergütung**
Zahlt der Einrichtungsträger den Beschäftigten eine in Pflegeeinrichtungen ortsübliche Vergütung (vgl. § 72 Abs. 3 Nr. 2 SGB XI)?
☐ Ja   ☐ Nein
Nach welcher (tariflichen) Regelung richtet sich die Vergütung der Beschäftigten?

---

8. **Qualitätssicherung und -entwicklung**

8.1. Mit Abschluss des Versorgungsvertrages verpflichtet sich der Träger der Pflegeeinrichtung nach Maßgabe der Vereinbarung gem. § 113 SGB XI einrichtungsintern ein Qualitätsmanagement einzuführen und weiterzuentwickeln (§ 72 Abs. 3 Nr. 3 SGB XI).

8.2. Mit Abschluss des Versorgungsvertrages verpflichtet sich der Träger der Pflegeeinrichtung alle Expertenstandards nach § 113 a SGB XI anzuwenden.

Die Richtigkeit der Angaben wird bestätigt.

_____   _____
Ort, Datum   Unterschrift (des Trägers oder der Leitung der Einrichtung)

Fügen Sie bitte immer folgende Unterlagen bei:
» ggf. Betriebserlaubnis nach KJHG
» Bei Trägerwechsel: Betriebsübernahmevertrag
» Leistungs-/Preisübersicht über Zusatzleistungen (vgl. Ziffer 2.8.)
» Erlaubnis zur Führung der Berufsbezeichnung/staatliche Anerkennung sowie ein

- » Führungszeugnis für die verantwortliche Pflegefachkraft (vgl. Ziffer 3.1.)
- » Nachweis ausreichende Berufserfahrung der verantwortlichen Pflegefachkraft (vgl. Ziffer 3.1.4.)
- » Nachweis über die Weiterbildungsmaßnahme der verantwortlichen Pflegefachkraft (vgl. Ziffer 3.1.5.)
- » Erlaubnis zur Führung der Berufsbezeichnung/staatliche Anerkennung für die Stellvertretung der verantwortlichen Pflegefachkraft (vgl. Ziffer 3.2.)
- » Kalkulation (vgl. Ziffer 5.2.)
- » Pflegekonzeption
- » Raumkonzept
  Hierunter sind Bauzeichnungen der Einrichtung im Maßstab 1:100 zu verstehen, aus denen die Funktions- und Zubehörräume, Gemeinschafts-, Therapie- und Pflegearbeitsräume sowie die jeweiligen Zimmergrößen erkennbar sind.
- » Bestätigung der Mitgliedschaft bei der zuständigen Berufsgenossenschaft
- » Nachweis der ausreichenden Betriebshaftpflichtversicherung (Vermögens-, Sach-, Personenhaftpflichtversicherung)

Anlage 6: Qualitätsanforderungen Betreuungskräfte

Richtlinien nach § 87b Abs. 3 SGB XI zur Qualifikation und zu den Aufgaben von zusätzlichen Betreuungskräften in Pflegeheimen
(Betreuungskräfte-Rl vom 19. August 2008)

§ 4 Qualifikation der Betreuungskräfte
(1) Für die berufliche Ausübung der zusätzlichen Betreuungsaktivitäten ist kein therapeutischer oder pflegerischer Berufsabschluss erforderlich. Allerdings stellt die berufliche Ausübung einer Betreuungstätigkeit in Pflegeheimen auch höhere Anforderungen an die Belastbarkeit der Betreuungskräfte als eine in ihrem zeitlichen Umfang geringere ehrenamtliche Tätigkeit in diesem Bereich. Deshalb sind folgende Anforderungen an die Qualifikation der Betreuungskräfte nachzuweisen:
» das Orientierungspraktikum,
» die Qualifizierungsmaßnahme,
» regelmäßige Fortbildungen.

(2) Das Orientierungspraktikum in einem Pflegeheim hat einen Umfang von fünf Tagen und ist vor der Qualifizierungsmaßnahme durchzuführen. Damit ist die Zielsetzung verbunden, erste Eindrücke über die Arbeit mit betreuungsbedürftigen Pflegeheimbewohnern zu bekommen und das Interesse und die Eignung für eine berufliche Tätigkeit in diesem Bereich selbst zu prüfen.

(3) Die Qualifizierungsmaßnahme besteht aus drei Modulen (Basiskurs, Betreuungspraktikum und Aufbaukurs) und hat einen Gesamtumfang von mindestens 160 Unterrichtsstunden sowie ein zweiwöchiges Betreuungspraktikum.

Modul 1: Basiskurs Betreuungsarbeit in Pflegeheimen
Umfang: 100 Stunden
Inhalte:
» Grundkenntnisse der Kommunikation und Interaktion unter Berücksichtigung der besonderen Anforderungen an die Kommunikation und den Umgang mit Menschen mit Demenz, psychischen Erkrankungen oder geistigen Behinderungen,
» Grundkenntnisse über Demenzerkrankungen, psychische Erkrankungen, geistige Behinderungen sowie typische Alterskrankheiten wie Diabetes und degenerative Erkrankungen des Bewegungsapparats und deren Behandlungsmöglichkeiten,
» Grundkenntnisse der Pflege und Pflegedokumentation (Hilfen bei der Nahrungsaufnahme, Umgang mit Inkontinenz, Schmerzen und Wun-

den usw.) sowie der Hygieneanforderungen im Zusammenhang mit Betreuungstätigkeiten zur Beurteilung der wechselseitigen Abhängigkeiten von Pflege und Betreuung,
» Erste Hilfe Kurs, Verhalten beim Auftreten eines Notfalls.

Modul 2: Betreuungspraktikum in einem Pflegeheim
Umfang: zwei Wochen
Inhalte:
» Das Praktikum erfolgt in einem Pflegeheim unter Anleitung und Begleitung einer in der Pflege und Betreuung des betroffenen Personenkreises erfahrenen Pflegefachkraft, um praktische Erfahrungen in der Betreuung von Menschen mit einer erheblichen Einschränkung der Alltagskompetenz zu sammeln. Ist in einem Pflegeheim eine Pflegefachkraft mit einer gerontopsychiatrischen Zusatzausbildung beschäftigt, soll dieser nach Möglichkeit die Anleitung und die Begleitung während des Praktikums übertragen werden. Das Praktikum muss nicht in einem Block absolviert werden, sondern kann zur besseren Vereinbarkeit mit beruflichen und familiären Pflichten auch aufgeteilt werden.

Modul 3: Aufbaukurs Betreuungsarbeit in Pflegeheimen
Umfang: 60 Stunden
Inhalte:
» Vertiefen der Kenntnisse, Methoden und Techniken über das Verhalten, die Kommunikation und die Umgangsformen mit betreuungsbedürftigen Menschen,
» Rechtskunde (Grundkenntnisse des Haftungsrechts, Betreuungsrechts, der Schweigepflicht und des Datenschutzes und zur Charta der Rechte hilfe- und pflegebedürftiger Menschen),
» Hauswirtschaft und Ernährungslehre mit besonderer Beachtung von Diäten und Nahrungsmittelunverträglichkeiten,
» Beschäftigungsmöglichkeiten und Freizeitgestaltung für Menschen mit Demenzerkrankungen,
» Bewegung für Menschen mit Demenz, psychischen Erkrankungen oder geistigen Behinderungen,
» Kommunikation und Zusammenarbeit mit den an der Pflege Beteiligten,
» z. B. Pflegekräften, Angehörigen und ehrenamtlich Engagierten.

(4) Die regelmäßige Fortbildung umfasst mindestens einmal jährlich eine zweitägige Fortbildungsmaßnahme, in der das vermittelte Wissen aktualisiert wird und die eine Reflexion der beruflichen Praxis einschließt.

Tabellennachweis

Abb. 1: Übersicht Leistungen des Pflege-Stärkungsgesetzes für die Tagespflege
Abb. 2: Gesamte finanzielle Unterstützung für Leistungen der Tages- und Nachtpflege
Abb. 3: Tagespflege im Verbund mit stationären Pflegeeinrichtungen
Abb. 4: Stationäre Pflege als quartiernahes Pflegezentrum
Abb. 5: Beispiel Tagespflege als vernetztes ambulantes Pflegeangebot
Abb. 6: Beispiel Raumprogramm einer Tages- bzw. Begegnungsstätte
Abb. 7: Grundriss Gemeinschaftshaus/Begegnungsstätte und Conciergedienst
Abb. 8: Ambulantes quartiersbezogenes Wohn- und Pflegezentrum
Abb. 9: Beispiel Raumprogramm einer Seniorenwohnung
Abb. 10: Beispiel barrierefreie Wohnungen „Wohnpark Weizenkamp"
Abb. 11: Raster Planungsablauf
Abb. 12: Heimgesetz
Abb. 13: Zusammenfassung „Maßstäbe und Grundsätze für die Qualität und die Qualitätssicherung in der Tagespflege sowie für die Entwicklung eines einrichtungsinternen Qualitätsmanagements nach § 113 SGB XI in der teilstationären Pflege (Tagespflege)" (MuG teilstationär).
Abb. 14: Liste der Technischen Baubestimmungen (LTB) – Relevante Normen zum barrierefreien Bauen
Abb. 15: Empfehlung Kuratorium Deutsche Altershilfe Mindestraumbedarf für 12 Gäste nach Empfehlungen
Abb. 16: Beispiel Grundriss DRK-Tagespflege Oerel/Bremervörde
Abb. 17: Beispiel Raumprogramm Tagespflege 18 Plätze Bremervörde
Abb. 18: Beispiel Auswahl Fahrtkosten (Stand Jan. 2015)
Abb. 19: Beispiel Personalanteil nach Einrichtungsgröße

Der Autor

Udo Winter
(www.winterplanung.de)

- Diplom-Sozialgerontologe,
- Diplom-Sozialarbeiter/-pädagoge,
- Industriekaufmann,
- Qualitätsmanager für soziale Dienstleistungsunternehmen (DAD).

Langjährige Erfahrungen in leitender Funktion in der ambulanten und teilstationären Altenpflege, u. a. Interimsleitung von mehreren Tagespflegeeinrichtungen und Projektaufbau von ca. 110 Tagespflegeeinrichtungen.

Seit 1996 Vorsitzender der Arbeitsgemeinschaft Niedersächsischer Tagespflegen (ANT).

20jährige Erfahrung als Unternehmensberatung für Altenhilfeeinrichtungen.

Zu den Aufgaben der Unternehmensberatung gehören
- Strategische Beratung,
- Projektbegleitung und -aufbau,
- Wirtschaftliche Beratung,
- Organisationsentwicklung.

... weitere Bücher aus den Reihen „Recht" und „Management"

Unser Tipp

Das Pflege-Stärkungsgesetz 1
Was ist zu tun? – Chancen und Risiken
Andreas Heiber

Das Pflege-Stärkungsgesetz 1 ist am 1. Januar 2015 in Kraft getreten. Unternehmensberater Andreas Heiber beleuchtet die Details der Pflegereform und hinterfragt sie kritisch. Von den neuen Betreuungs- und Entlastungsleistungen nach § 45b bis zu veränderten Bestimmungen für ambulante Wohngemeinschaften.
2015, 2. überarb. Auflage, 124 Seiten,
kart., Format 17 x 24 cm
ISBN 978-3-86630-382-9, Best.-Nr. 771

PR & Marketing für Pflegedienste
Praxistipps für eine optimale Kunden- und Mitarbeitergewinnung
Marion Seigel

Führungskräfte, die ihr Marketing schnell und einfach optimieren wollen, finden im Anwender-Handbuch konkrete Hilfen. Profitieren Sie von diesem Know-How, um zuverlässig Kunden zu gewinnen, qualifizierte Mitarbeiter zu finden und um eine glaubwürdige Corporate Identity aufzubauen.
2014, 156 Seiten, kart., Format 17 x 24 cm
ISBN 978-3-86630-342-3, Best.-Nr. 712

Qualitätshandbuch – schlank und effektiv
Der Leitfaden für ambulante Pflegedienste
Elisabeth Baum-Wetzel

Was gehört in ein QM-Handbuch und was nicht? Was fordert die für alle Pflegedienste verbindliche QM-Richtlinie vom QM-Handbuch? QMB, PDL oder Geschäftsführer erfahren alles über das Erstellen und Überarbeiten des Handbuchs. Zahlreiche Praxisfälle, Dokumentenlisten sowie Regel- und Checklisten runden das Arbeitshandbuch ab.
2013, 208 Seiten, kart., Format: 17 x 24 cm
ISBN 978-3-86630-310-2, Best.-Nr. 688

Alle Bücher sind auch als eBook (ePub oder PDF-Format) erhältlich.

Jetzt bestellen! Vincentz Network GmbH & Co. KG · Bücherdienst · Postfach 6247 · 30062 Hannover
T +49 511 9910-033 · F +49 511 9910-029 · www.haeusliche-pflege.net/shop